明公啟示錄

解密禪宗心法
《六祖壇經》般若品之六

范明公——著

開卷語

一、此套心法，已於文字之中灌頂巨大加持之力量。

二、只須堅信不疑，恭敬讀誦即可獲無上力量之加持。

三、讀誦之時，身心有不同程度的感應實屬正常，乃感應
  交道之現象。

四、信奉受持此書文字，即可獲得強大息災、轉運、袪病、
  富貴、滿願之增上緣。

五、信奉受持此書，於現實中必有諸多神蹟示現。

目錄

第三十一章 集諦乃苦之因 世界運行的本質

第二十八章

因何聞法　不自開悟

緣邪見障重　煩惱根深

第一節

斷除邪見得智慧之光
解行證悟自成道果

六祖繼續講道，【善知識，小根之人，聞此頓教，猶如草木。根性小者，若被大雨，悉皆自倒，不能增長。】什麼叫小根呢？我們說就是行小道、發小願之人，煩惱根深、業障深重的人叫做小根之人。打個比方，小根之人就相當於草的根在地下扎得特別淺，這就是根性小。大根、上根之人、大智慧之人，根就扎得非常深、特別牢固。頓教之法，就像大的暴雨，不是微風細雨，不是一點一點的潤澤。真正的頓教之法就像狂風暴雨，從天而下，根越深、越高大的植物越高興，不僅僅是潤一層表皮，能把根都澆透了，這就是頓悟的法門、頓教的方法，直入智慧，達到目的。

這套方法像傾盆的大雨從天而降，對那些根很淺的小草小樹來講就是滅頂之災，一下子就給沖走了，「悉皆自倒，不能增長」。

【小根之人，亦復如是。】對這一套頓教法門的方法，其實對中下根之人沒有什麼好處。小根的人，他就像根扎

得很淺的小草一樣，這一類人條件不成熟，機緣不到，不適合、也不可以聽聞或者接觸頓教之法。禪宗就是頓教法門，是針對上根以及上上根之人講的，亦即是針對上乘人以及最上乘人來講的。

【元有般若之智，與大智人更無差別，因何聞法，不自開悟？緣邪見障重，煩惱根深。猶如大雲覆蓋於日，不得風吹，日光不現。】

其實本來般若之智不分上根之人還是小根之人，大智人還是愚鈍之人。為什麼大家聽了佛法尤其是頓教法之後，絕大多數都不開悟，而有人一句話就能開悟呢？大家都是一樣的智慧，沒有差別，那為什麼有的人是上乘人，有的人是下乘人呢？這是怎麼回事？

其實在此有一個反問句，後面講為什麼。不是因為小根之人就沒有般若智慧，從本性的般若智慧來講，上乘人和下乘人本是沒有區別的，但是他們又有所區別，在哪裏呢？「緣邪見障重，煩惱根深。」這就是區別，源於邪見障重，即是兩方面，一個是見、邪見，一個是障、障礙，即障礙深重，兩方面導致了人分上、下乘，根性有大小。

邪見又是什麼呢？這裏講邪見，甚至還在業障的前面。邪見即是所知見，邪見是不正確的、有害的，與真相、

與法相違背的見解。對世界的認知是錯誤的，還以為正確的認識到了宇宙是怎麼生成的、宇宙萬物是怎麼運行的、應該是按照什麼規律走的，還覺著你掌握了，你掌握的東西是對的。其實這些都是「你以為」，其實都是錯的，這叫邪見。

一般來講，我們說邪見也可以叫惡見，是正見的反義詞。邪見的根源是什麼？怎麼產生出來的邪見？邪見之根叫無明。無明即是愚癡之根，因愚癡而產生煩惱困惑，越愚癡，困惑越深，煩惱就越重，這都源自於邪見。

從佛法上來講，歸納起來，邪見有五大類：

第一類，身見；第二類，邊執見；第三類，邪見；第四類，見取見；第五類，戒禁取見。

佛法告訴我們，在修行的過程中，這是五類錯誤的知見，會把我們帶向深淵，帶向地獄，不得解脫。修佛法真正的起修處從正見開始起修，正見即是破邪見。

佛法起修處是八正道，即是正見、正念、正思維、正精進、正定、正語、正業、正命。八正道之首即是正見。知見不正後面必入邪道，知見先正，有了正知見才可能有正的念；有了正的念，才能有正的思維；有了正的思維，才能有正的精進；有了正的精進，才能得到正的定；得到

了正定，才可能有正語；有正業，後面才能有正命。所以八正道之首，前提就是正知見。

八正道給我們帶向菩提路，給我們帶向菩薩道，給我們帶向佛之國。同時又有八邪，即邪見、邪念、邪思、邪精進、邪定、邪語、邪業、邪命，稱為八邪道。八邪道就給我們帶向地獄，越精進越是邪精進，越得定那是邪定。一切都建立在邪知邪見上，知見不對，業障深重。知見而導致了業障。所謂業障，即是由邪見惡見，導致行為言語都是邪的，都是惡的，有惡因結惡果，最後就形成了惡報、惡命。

業障裏這些黑煙黑氣從哪裏來的？都是從邪見來的，所以「緣邪見障重，煩惱根深」。由所知障引發了惡業、惡語，最後就形成了惡的障礙、惡果報，又引發了煩惱越來越深，像扎根一樣扎在你的心裏，這些都是從邪見來的。我們學佛，首先要先做到破邪見，樹正見。

邪見在前面講持戒時講過，持戒最後一類叫做「戒禁取見」，持戒的方法不對，就會導致我們形成錯知見，就會使我們越是持戒，越走向魔道，永無解脫。

持戒也是有智慧的，即持戒波羅蜜，要在正知見的引領下去持戒。而這個邪見對我們修習佛法是非常重要的，

甚至可以講是最重要的，是前提。邪見的特點是什麼？邪見最基本的特點，是錯誤的分析事物。對事物的分析，不是建立在正確的、能看到真相實相的基礎上，錯誤的去推斷或者執著所謂的永恆、所謂的樂、所謂的常樂我淨。邪見的表現是錯誤的見解或者錯誤的信仰，出發點就是錯的。邪不是壞，是不正。

為什麼會有邪見呢？怎麼產生的邪見？最根本的原因就是我以為，我相信眼睛所見、耳朵所聞、我的五識。當我相信我的五識，就會被現象所迷惑。表面的現象為前提基礎，在這個狀態下去分析推理，按照一定的邏輯性再去做判斷，就形成了我以為世界是什麼樣子的，宇宙是怎麼構成的，人與人之間的關係本質是什麼，形成了一系列以我為中心、我以為的知見，這就是錯知錯見形成的根源。根據自己的經驗及閱歷，加上自己的分析和判斷，形成了自認為正確的知見。

真正形成邪見的原因是什麼？是不向聖者學習，不見、不接近、不親近所謂的聖者。聖者是什麼人呢？聖者是過來人，聖者是走上了正確的修行之路，甚至已經接近得道果或者已經得道果的人。所有的正知正見都不是你自己思維、觀察、分析和判斷來的，沒有任何一個眾生、普

通人、常人，能自己分析、判斷、推理出來正知正見，不可能，歷史上都沒有。相信眼睛所見、耳朵所聞，在外面得到的信息都是表面化的東西，根本看不透事物的本質。而聖者都是有師承、有法脈的，這些是宇宙本有的時候自然就傳下來的東西，對宇宙真諦真相的掌握和認知，對宇宙規律的運用，這些都是自古傳下來的，宇宙當中自有，不是靠誰去理解或者去悟的。

要想樹立正知見，必須先親近善知識。什麼叫善知識？就是掌握了宇宙真相以及宇宙發展規律的聖者。必須得有善知識給你做嚮導，他就像導遊一樣，你去一個陌生的景區，不知道往哪個方向走，眼前周圍有千千萬萬條路，你不知道哪一條路能夠通向風景最美的地方或者頂峰，這時候就必須得有嚮導，引領你走上這條正路。有一千多條路，「你以為」是這條路，基本上都會選錯，一千條路甚至一萬條路在你眼前的時候，你完全憑自己的感覺，那就是千分之一或者萬分之一的成功率。完全憑感覺，即使走上正路了，你也不敢堅定這一條路就是正路，還是帶著質疑和迷惑往前走，一旦前面碰到了深淵、陷阱、荊棘和障礙，搞不好就退轉，再去選擇其他路。這就是沒有導遊、沒有嚮導、沒有善知識、沒有聖者做導向的狀態，結果根本修不成。

聖者的意義在哪裏？堅定的給你指向一條路，沿著這條路走下去，不管前面碰到了什麼障礙，都堅定走這條路，沒錯。首先你得信聖者，信這位導遊，信這位嚮導，得發這個願，我一定要走向山頂，一定要到達山頂最美處去看無限的風光。有信有願，然後才有毅力去行，這就是修行。正知見是方向，就是你的路。

大智人和小智人區別在哪裏？首先是從見上，大智人是正見，小智人是邪見。我們在修行路上儘量就不要去犯，不要去跟從世間這些邪見，知道有多少種類型，就知道怎麼去規避，規避了邪見才能建立正見。

「身見」是第一邪見。

如果給「身見」下一個定義，就是執著有「我」的邪見。「身見」有兩種：

第一類，執著「五蘊為我」。我們所有人都是，包括動物，人的身心就是由五蘊和合而成，五蘊分別是「色蘊、受蘊、想蘊、行蘊、識蘊」。

身就是「色蘊」，由地水火風，這四大和合而成。心由「受、想、行、識」這四蘊和合而形成心的功能。這就合成了身心，人體可以正常的運行，保證有形之體按照自然的規律，有意識或無意識的運行。然而五蘊並不是我。

執著「身」是我。我的頭、我的腳、我的皮膚、我的頭髮、我的衣服、我的媽媽、我的爸爸、我的老婆、我的老公、我的孩子，這都是執著於「五蘊為我」。風吹到我了，有人在追我……普通眾生都是以「五蘊為我」，這是最基本的邪見。

「身見」有幾種類型，最普遍的一類就是身體是我。佛陀就告訴我們怎麼破這個身體是我的知見。佛陀一再給我們講色是無我，身和心其實都是無我。身體是四大和合而成。心識也是一樣，當身體沒有的時候，你的「受想行識」還有嗎？它沒有物質基礎，身體沒有的時候，心識也不存在。

二是執著「受」是我。受想行識，能有知覺感受的是我，一些沙門或和尚在修四禪八定的時候打坐，那種妙勝喜悅，在打坐的過程中找到了真我，找到了常樂我淨這種樂。其實佛陀告訴我們，這是一種受，還是你心識的作用，也是假的，佛陀告訴我們，「受」為無我。

三是執著「想」是我。能想的也不是我。我可以妄想未來、我回憶了什麼、我想起了什麼，這些都是想，覺得能想的這個是我。佛陀告訴我們，「想」為無我。

四是執著「行」是我。我能思維、能行動，覺著能做

的是我。誰造的善因善業，惡因惡業呢？覺著是我造的，這是個邪見。這裏就是佛陀告訴我們的「諸行無我」，所有的行，所有的做都是無我的。

五是執著「識」是我。有一個邪見就是有一個永恆的靈魂，有個心識為主體，這個靈魂是真我不變。形體是衣服，總是在輪迴。心識是不變的，它帶著往世的記憶，認為這是我也錯了，這也不是我。

這些就是「身見」。身見之所以有邪見，就在於執「五蘊為我」。

第二類，執著「離蘊有我」。即離開五蘊，覺著五蘊都不是我，都是和合而成，包括心識，也都是聚合而成，所以應該離蘊為我。比如說，我是由上帝造的，上帝離開了五蘊，上帝造了我，上帝才是本質性的我；再比如說，印度各個教派都認為宇宙本體都是一樣的，認為一切都是梵天所造，梵天是世界的根本、根源，他無形無相，無所不在。因為有了梵，才有了世間的一切，世間的一切都是梵所顯現的。這就是典型的認為梵是終極的我，梵是本體的我、是至上的我、是大我，而可以輪迴的靈魂是小我。執取、執著於宇宙當中有一個我，就像執著於所謂的上帝、所謂的梵天，這是邪見。

覺著身外有我，五蘊之外有個我，就叫「離蘊有我」，這是一種邪見。要破掉這個邪見，五蘊不是我；心識不是我，即那個靈魂不是我；離開了五蘊，也沒有一個外面的上帝或者梵天是我。破掉了這些，你的方向不會錯。

　　第二邪見，即「邊執見」也叫「常見」。

　　「邊執見、常見」也有幾種類型：

　　第一類，「宿命見」。什麼叫宿命見呢？我命運是由上天主宰的，上天不是一個人格化的神，好像就是宇宙規律，我就是宇宙發展過程中自然進化的結果，我的命運都是偶然的，都是上天註定。有一句話叫「萬般皆是命，半點不由人」，這就是典型的宿命論的觀點，這是「宿命見」，是邪見。

　　第二類，「神創見」。有一個神，有一個上帝，有個大梵天，有個主創造了這個世界。世界是神創造的，那我們就應該歌頌神、感恩神、向神祈禱、相信神，我們就應該敬奉神，為了敬奉神，我可以犧牲我的一切，因為我的一切都是神給我創造的，所以我還給神。這就是一大邪見，叫「神創見」。

　　第三類，「靈魂見」。這一類邪見認為靈魂是所謂的輪迴的本體，靈魂是真我，心識是我。心識就是靈魂，因

為它帶著記憶，帶著前世記憶，是永恆的。我的身體，色身就相當於衣服一樣不斷的輪迴、不斷的在換，但我靈魂不換，他覺得靈魂是真我，靈魂是主體。這是一大邪見，就跟上面的心識是我是一樣的。其實心的作用，受、想、行、識是建立在色身的基礎上的，如果沒有形，沒有物質基礎，受、想、行、識都沒有了。所以，它不是恆常的，它是可生滅的，這個知見必須要破掉。

這是「邊執見」也就是「常見」裏最典型的三種類型。在我們修行過程中都得把這些破掉，才能走上正路。

第三邪見，可以稱「斷滅見」。

什麼叫「斷滅見」呢？斷滅見意思就是不信因果。有幾種類型：

第一類，「無因見」。無因見認為苦和樂這些世間的一切，我的命運，不管是悲苦還是喜悅，有福還是無福，都沒有因，都是偶然的，沒有什麼東西造成。不認為這些是有原因的。我努力去掙錢，就能得到財富，我拼命的工作，就能有好的生活，他不覺得這些現實的福報安樂，是因為他造了善因得到的善果，他不信。「無因見」是一種「斷滅見」的邪見之一。

第二類，「無作用見」。意思是我不相信我行善會有

善報，做惡會有惡報。西方的宗教不信因果、輪迴，不講究善有善報，惡有惡報，講的是信神者恆安樂，信神者得解脫，唯一的神是上帝，就只信上帝。信上帝、聽上帝話的人才得解脫，跟人在世間做多少好事沒關係，不講因果。我們東方的宗教才講因果善惡，善有善報，惡有惡報。

「無作用見」就是，不管做好事還是做壞事，跟我的命運沒有關係。

第三類，「虛無見」。意思是人死了以後一了百了，什麼都沒有了，人死如燈滅，哪有什麼因果輪迴，沒有。這種是現在世界上最流行的。西方世界流行「虛無見」，他們講究的就是這一生一世，沒有因果輪迴，我這一世信上帝、聽上帝話、為上帝奉獻、敬畏上帝，上帝直接就將我帶上天堂；如果我不聽話、不信上帝，就直接把我打入煉獄，沒有什麼因果輪迴。

而唯物論其實就是虛無論。「無因見」、「無作用見」、「虛無見」，斷滅見的三個類型都非常符合唯物論，我就看見眼前我得到的。然而，我前世做了好事，善有善報，這一世才得安樂，才有大福報，唯物論是不信這些的，哪有什麼前世，不信因果輪迴，一切虛無。

這一生在就在了，為什麼生下來，是進化論的結果。

宇宙運行到這個階段，地球的各種物質條件符合人這個生物出現，人就隨機出現了，是進化論的結果。到後面人類滅亡了，人死如燈滅，就沒有了，再回到宇宙自然當中重新組合了。但是，要問靈魂怎麼來的，意識怎麼來的？那不管。

看到的就是生理、形體這些東西，這是典型的「虛無見」、「無因見」、「無作用見」，在佛法來講，這是學佛或者修行最大的邪見、錯知錯見，當我們不信因果、不講輪迴的時候，佛法的一切全都被破除掉了，都被顛覆了，所有的佛法是建立在因果輪迴的基礎上。當然了，因果輪迴也不究竟，但是你要修，還得從因果輪迴這上面去修，才能找到本體，本體是沒有因果、沒有輪迴的。要從先有輪迴，有因果慢慢起修，再到後面破除了法執，再破除我執，後面才真正能夠證到本體，這是佛法。

如果連因果和輪迴都不信，中華的文明、中華的整個智慧體系，根本就學不了。因為儒學、道家、佛家，我們的一切的智慧體系都是緣起於此。修成無上佛道，證無上佛果還得從有形處修起。就要先樹立正知見，修行很重要的是破除這些最基本的邪見。

第四邪見，稱為「見取見」。

在邪見裏，這一類邪見是很典型對因果方面的錯知錯見，或者說我們在這一方面迷惑。其實和「虛無見」比較接近。有幾種類型：

第一類，「無因無果見」，有點等同於「虛無見」。無因無果，人生一了百了，沒有種善因得善果，種惡因得惡果。無因無果見就是唯物主義，就會給人導向只看眼前，即時享樂，沒有後果；殺人放火沒關係，只要沒被抓住，不受法律制裁就行；搶銀行、強奸、盜竊，只要不被抓住，我就享樂了；搶一次銀行一輩子夠了，被抓住了，大不了槍斃了我，什麼都一了百了。寧可享受十年，也不庸庸碌碌、平平淡淡過一百年。如果所有的人都信奉這一套，我們在倫理道德這方面，沒法進行教化。

其實我們祖先的這一套因果論、輪迴論，別管是否究竟，對整個社會的教化有非常重要的意義。本身這一套因果論、輪迴論不究竟，我們也知道，但它是為了教化世人，先樹立這麼一個標準，讓你去做，導人向善。

西方這一套是用上帝來嚇唬你，上帝通過《摩西十誡》，按照《摩西十誡》標準去做，你就信奉上帝了。在《摩西十誡》的基礎上又有了《舊約》，在《舊約》的基礎上又有了《塔木德》，這就越來越細了。《舊約》是在

《摩西十誡》的基礎上發展出來，都是上帝向人間傳的話、上帝和人間的約定，要求按照這些標準去做，聽上帝的話，按上帝的意思去做。怎麼解讀《舊約》？如何把上帝的話落實在現實中？這就是猶太人一直在積累的《塔木德》，形成了現實中的法律標準與人文道德標準體系。

而我們中華的祖先告訴我們，外面沒有一個上帝創造了我。沒有上帝創造，我聽誰的呢？我怎麼約束我的行為和思想呢？我們就有了一套因果論和輪迴論，你自己來把握，你的命運其實掌握在自己手裏，不是掌握在上帝或某一位神和主的手裏。你這一生有好的命運，或者痛苦遭罪，為什麼？因為你前面沒做那些慈悲的好事，沒有利益眾生或幫助更多的人，你沒有做布施、沒有持戒、沒有忍辱、沒有精進、沒有禪定，你就沒有智慧，所以這一生才愚癡痛苦，無錢少糧。為了後面更好的生活、更大的福報怎麼辦？當下行善。這是在因果和輪迴的觀念知見下。所以在佛教來講，因果見和輪迴見屬正見。我們的儒學也在講積善之家、積惡之家，這就是我們中華的智慧，為什麼？因為沒有一個上帝來約束我們。

哪個國家、民族和老百姓奉行無因無果見，就會導致物欲橫流。只是用法律去控制人的行為，但是人的心理和

思想怎麼控制呢？所有的行為都是由心理和思想最後引發出來的。無因無果見必然會導致社會大亂。

其實地球上人類只有兩種方法來教化眾生，一種就是有神論。通過聽神的話、聽神的教導，形成法律，神來約束我們的思想，法律來約束我們的形體。再一種是無神論，我們中華就是無神論。無神論用因果輪迴來約束我們的思想，法律來約束我們的行為。

第二類，「有因無果見」。是相信做惡或者為善，但是不相信會產生後果，這叫有因無果。我知道我在行善或者做惡，我造惡就造惡了，我就對不起了，我就殺了人了，我知道對錯，我知道這是不對、我錯了、我造惡了，但我不相信我殺了人以後他還能找我報復，不相信後世的時候他來找我或者審判我。這叫「有因無果見」。

第三類，「無因有果見」。承認有吉凶、禍福、貴賤、壽夭、健康疾病、智慧愚癡、美麗醜陋，我看到這個果了，但是這果怎麼來的不知道，無因，困惑。現實中的一切，為什麼有的人就生活那麼好、那麼幸福、那麼有錢、那麼自由自在，身體那麼健康、那麼長壽、長得那麼美麗，怎麼來的不知道，這叫「無因有果見」。不相信佛法說的因為這些人曾經持戒得相好、布施得壽 、忍辱得莊嚴。他不

相信，或者不懂、困惑，他就覺得這個人長得那麼好看，是他的爸爸長得帥，媽媽長得也漂亮，所以他人就長得相好莊嚴。不知道也不相信這個人是前世曾經布施、忍辱、持戒、修禪定得來的這些福報，比如相貌莊嚴，這就叫做「有果無因見」。

第四類，「邪因邪果見」。邪因邪果，即錯配因果、亂配因果，不是按照規律來配上因果。不昧因果，因果是有規律的，持戒這是一善。智慧的持戒、智慧的布施和智慧的忍辱會得什麼樣的果報和功德，犯了幾大戒，殺、盜、淫、妄語、飲酒會有什麼樣的果報，這是有規律的。錯配因果即是邪因邪果，相信有因果，但是搞亂套了。

這都是屬「見取見」當中的四種錯知錯見類型。都是我們在修行，樹立正知見過程中要排除的。

第五邪見，稱為「戒禁取見」。

什麼是「戒禁取見」？是修行方面的錯知錯見。大意上講，指遵守某一類行為，或者堅定的去做一類儀式，就能升天。比如說，只是盤腿一坐，百物不思，空心靜坐，就能得定、得清淨，就能導向解脫。這一類邪見就叫做「戒禁取見」。

「戒禁取見」也分幾種：

第一種，苦行。苦行的特點就是自我摧殘，自我折磨。餓著自己，盤腿往那一坐，身體一動不動，堅定的禁欲，克制自己的情欲性欲，這都屬苦行一類。燃指拜佛，用油把手指燒掉一截，以此來供佛拜佛，這種都是苦行。苦行比較常見於印度。在印度還有 400 至 500 萬的人在進行著各種各樣的苦行，比如有的不吃不喝，有的往那一坐，伸出一個手指，幾年都不動，有的吊著自己，有的倒立……各種各樣，認為用這種方法就能夠得到解脫，就能夠得到清淨、能夠消業，就能成就道業。這是典型的「戒禁取見」第一個種類，苦行。

而佛祖大徹大悟之後告訴我們，苦行不究竟，是外道。

第二種，執著於某種儀式。比如說祭祀、祈禱、念經、念咒，執著於某種儀式，覺得這就能解脫，像印度特別講究祭祀，還有薩滿教，祭祀就是相信神靈。西方的耶教，包括基督教、伊斯蘭教等，都是用祭祀和祈禱在修。他們的修行方式不是修自己，是通過各種祭祀行為對上帝、對真主、對梵天，對各種山神祭祀和祈禱。

比如印度 8,400 萬種神，任何動物都是他的神，都要去祭祀和祈禱，向猴子祈禱、向老鼠祈禱、向山祈禱、向樹祈禱、向河祈禱、向星星祈禱，所有能祈禱的全祈禱，

認為通過這種祭祀和祈禱就能達到解脫。認為自己的成就不是自己練出來或修出來的，是上帝給的、是梵天給的。認為堅持就念一個經、一個咒，就能得解脫。

有的人覺得我只念《金剛經》、只念《法華經》、只念《地藏經》、只念阿彌陀佛、只念佛號、只念大悲咒、念各種咒語，就能解脫。其實不知道，經是給我們指明方向，咒是我們運用來破除障礙的工具。所謂指月，我要找月亮，善知識的手指指著那個月亮，意即是我要找的是月亮，經咒都是手指，我就盯住了手指，把月亮忘了，這不可取。所以說，這一類執著於儀式，也是修行過程當中的一種錯知錯見，覺得這就可以得到解脫，這就是「戒禁取見」的一種。

第三種，修定解脫論，也叫修定解脫見。這也是很普遍的。這個定不是由慧而定，而是由靜而止，然後有定。他們是怎麼修這個定呢？包括佛祖在世的時候，都有很大一部分婆羅門教的外道，就在刻苦的修定。他們修的定就是一打坐幾天不動，認為當我到了定功深厚的時候，就能夠開啟智慧，得大解脫，就能成就道果。到現在，還是有很大一部分人執著於修定得解脫，他會擁有很強大的定力，在入定的時候也能體會到非常微妙殊勝的快樂，認為那就

已經是定境了，這樣就會得解脫了。這是修行的一大邪見，修定解脫見。

所以，我們在修行的路上，這是最粗顯的錯誤的知見，我們必須得斷除，才有可能走上正知正見，才能行八正道，由八正道而得戒定慧，由慧而得定，定而得慧，自成道果。

怎樣才能樹立正知見，用什麼方法呢？

還是有步驟的，要想斷除邪見，得證得初果，才能夠比較透徹的看到一些究竟的、所謂的名和色的法，就證到、悟到了這個我不是真我，五蘊不是實在的，真的悟到和證到了因果與輪迴。證到和悟到的，和理解的完全不一樣。我理解現在的善報、得到善果，是因為前世做了好事，但做了什麼好事並不知道，所以只是在理上去解，這就不可以，很容易退轉，很容易懷疑。必須得悟到、證到。原來有人污蔑我，要打官司告我，我一下就知道前面的因是什麼，因為什麼因，才導致了這個果。現在當下在做一件事，要罵這個人的時候，張口要罵，一下我就知道了，這個因我做出去了，後面將得什麼果，這叫做證因果，證到了因果輪迴。只有這樣才能斷了邪見，邪見是我們煩惱產生的根源，證初果者，斷三根本煩惱，也是最粗的煩惱。

第一種煩惱是身見。因為我們認為身體是實有的，是

真的存在的，所以在身體上的病痛享樂、情緒的波動，都是因為有身體而產生的煩惱。喜怒哀樂愁，冷暖酸脹痛，你看不起我，你鄙視我，都是因為有身體。所以，身見是煩惱之根。

第二種最粗的煩惱，是戒禁取見。導致我們大煩惱，想得解脫而不得解脫。為什麼？因為你用的苦行，用的某種儀式，修的定都得不了解脫。得不到解脫你會特別痛苦，求不得苦。這對修行人來講是大煩惱。

第三種大煩惱是疑。為什麼你懷疑呢？你僅僅從理上解，沒有證、沒有悟。沒有悟到、沒有證到，只是從理上解，解因果、解輪迴，沒悟到、沒證到是沒有用的。碰到問題就開始起疑，疑心一起，往世積累的功德都給破了。疑心最重，煩惱當中疑心最大，因為起疑不信善知識，不信上師、不信僧、不信法、不信佛。信乃功德之母。信是成就道果一直要堅持的動力，沒有信，一切退轉。信是怎麼來的？不是練出來的，信也是生生世世以來形成的習性，還是和你的修煉有關。

這一生如果在修煉當中起了疑，有了質疑，馬上要堅定信心，不要被秉性給拖走，不要被固有慣性的質疑模式給拉走，拉回來，信心堅固，大願奉行，在信心的基礎上

發大願，然後才是行大願，才能走上修行之路。

　　大智人、小智人、上根之人、下根之人本性都有般若之智，為什麼有的人就不開悟？六祖惠能就告訴我們，其實就是由於這些邪見導致了行為上的惡行，才造就了現在的惡業，遮蔽著你、封閉著你，把所有的智慧之光都給遮蓋擋住了，透不到你的心裏，所以你悟不了。一切都是由邪見而引發，由邪見而引發惡行，惡行而導致業障，業障導致煩惱。邪見越重，惡行就越深；惡行越深，障礙就越大；障礙越大，煩惱就越多。這也是一個循環，這個循環從哪來？是從邪見中來。我們真正修行想開悟，要先正知見，以正知見破邪見。

　　我們要樹立正知見，首先要知道邪見有哪些類型。先破除邪見，斷除邪見，就得了正見。正見建立起來了，就有正念、正思維，後面再有正精進，得正定，業障就會漸漸消除，煩惱就會漸漸減輕。這時大烏雲遮蓋日光的狀態就可以緩解、化解，日光即是我們的智慧，就可以現前。那個時候我們就知道悟是什麼樣的感覺，就能體會到什麼叫悟。悟不是修的，本來就在那兒，當智慧之光破開了層層的邪見與業障的烏雲，透下來照耀大地的時候，悟是什麼狀態你就體會到了。

破除重障煩惱無明
修六度得福慧雙全

「緣邪見障重，煩惱根深」這句話，前面我們講了五種邪見、怎麼得正見，現在我們再講一下「障重」。「障」就是障礙。

在修行上面有三大障礙是最重的障礙：

第一重障，是惑障。

「惑障」因何而起？一切無明煩惱而起「惑障」，不明就裏，不知真相，就會迷惑，就會產生無明，現實中就會愚癡，就迷進去了。這就是不聞正法，沒有正知見。人人都會有「惑障」，為什麼我們要聽聞佛法？為什麼要學習經典？那就是要樹正知見，要知道宇宙的真相是什麼，以此來破「惑障」。「惑障」破了，才能得清明，才能得清淨。否則身在何處都不知道，周圍伸手不見五指，就是一片片的、一層層的、厚厚的濃霧。不要說行菩薩道、得成佛之道果了，你往前走一步，都有可能跌入萬丈的深淵，動都不敢動，怎麼行？如何修呢？你修的是對還是錯？

在無明的狀態下，只能引發種種煩惱，智慧之光一點

都透不出來，根本看不清周圍的狀況，根本不知道路在哪裏，寸步難行。看似好像這一生都在努力進取拼搏，為了家庭、為了你在乎的人、為了你的孩子、為了你的企業，好像天天從早忙到晚，其實你到你閉上眼睛那一天，這一生忙過來，都不知道自己在忙什麼，一直都在原地在打轉，一步都沒有往前邁過，根本就不敢邁步，這就是重重的惑障，所以我們要修習佛法，第一大障是「惑障」。

第二重障，是業障。

「業障」是由什麼引發的呢？是由我們往生以來所造之惡業引發的業報現前。往生以來所造比較重之惡業，稱為「五逆十惡」，這就是重罪重業。我們講因果，佛的一切理論其實是建立在因果輪迴的基礎上的。

五逆，五種大的惡業，是哪五種呢？我們要知道，不要去犯。第一，殺父；第二，殺母；第三，殺阿羅漢；第四，破和合僧；第五，出佛身血。

殺父，殺母。父母的養育之恩，恩同天地，作為孩子來講，要竭力的孝養侍奉以報其恩，殺父殺母這是殺逆，是重罪，果報是直入地獄。

殺阿羅漢。阿羅漢是什麼人？是修行人，針對修行人起了殺心或者害心，業報就非常重，這是五逆重罪。修行

人和普通的眾生有什麼區別？普通眾生即芸芸眾生，修行人修的是什麼？修的是他的心力、心量，不是普通的眾生。有的時候在現實中，我們見到的修行人，可能現實的境況還不如普通人，不如普通人有錢、有幸福、有事業、有成就，但人家是走在修行的路上，可能正在過自己那一關，正在破自己的難，這個時候去欺負他、傷害他、殺戮他，這都是入無間地獄的果報。

破和合僧。和合僧又是什麼呢？即是在修行的時候會有各種儀式，你在旁邊嗔恨、在旁邊謾罵。做法事或行菩薩道的時候，你可以不去幫，即使心裏有反感，或者心裏有不舒服，你靜默而已，要隨順或寂默，不要在旁邊冷嘲熱諷，不要去誹謗、不要去謾罵、不要去破壞。人在做祭祀也好，各種宗教儀式也好，即使不成其美，不成其全，也不要去破壞人家。

有人一看到祭祀方面的活動，就認為有人在做邪教儀式，你看了生氣，就想舉報他們，就要去找人打散他們，不讓他們搞亂七八糟的迷信。問題是你怎麼知道人家那是邪教呢？你怎麼知道做的那些祭祀或者儀式就是迷信呢？都是「你認為」。所以說，當我們碰到這種情況的時候，人家在做儀式的時候，我們不去干擾，這也是一種德。

當然，有一些真的是邪教，違反世間的法律，害人、害動物的生命，這些該舉報要舉報，該制止要制止，這與上面說的是兩個概念。所以，聽法也不能太偏執，也得有一個度，掌握好一個度，在什麼情況下我們應該怎麼做。

　　上面說的都是在常態下，但是有一些人進行非常凶殘的血祭，害人生命，當我們知道他們這種行為，當然不能靜默。這是兩回事。正常狀態下，比如有些信仰講人死以後上天堂，還要歡歌笑語慶祝。如果你有這種信仰，看見和尚們在給死去的人做超度的時候，也不要去破壞、去詆毀，否則就是破和合僧，都是重罪。

　　出佛身血。佛是什麼？佛是一切眾生的慈父，能令眾生悟明自心，出離苦海。這裏說的出佛身血，是不是說看見佛以後，上去捅了他一刀？這是最直接的一種行為。還有一種行為，就是毀壞佛像，即大家都拜的雕像，這也是「出佛身血」。

　　因為與你的信仰不同，就強調不要去拜偶像、不要拜雕像，認為所拜的都是魔。為此，就去把佛像、道家的老子像、儒家的孔子像給推倒破壞了。這都叫做出佛身血，都是大重罪。「出佛身血」不是往這個佛身上捅了一刀，世間哪有幾個佛。

當然了，真正佛在面前你也不認識祂，你就以為是一個平常的老百姓，佛也不會是光芒萬丈，往這裏一站金光閃閃的，那樣的是魔。真正的佛在面前度化你的時候，一定是比你還普通，一定跟你同志同趣同願，這樣你才能接受祂，祂才能度化你。有的時候我們為了一點利益引發恩怨去害人，你害的這個人，你覺得是芸芸眾生，我得罪他，捅他一刀又怎麼了，找關係就擺平了，道個歉花點錢就完了。但是你知道對方是什麼人嗎？有沒有可能是古佛再來度你的？因為自己的一點嗔恨心，為自己的一點利益，自私自利，一刀捅過去，傷的是不是佛都不知道。所以這要注意，這是「五逆」，凡犯五逆者基本都是下地獄的果。

　　現實中我們即使就是凡夫迷人，我們看不透，但我們不能被現實中一些別有用心的人洗腦，帶我們走上邪途，我們腦袋要清醒，我們要清明，父母之恩形同天地，修行人也都是我們要敬重的、奉養的，不能有人一忽悠煽動你，就連最基本的人倫道德都沒有了，不忠不義不信，不知報恩，連人都不是了，反過頭來都是在害自己的命。五逆是大逆不道，所以這些都是重障，都是入地獄的重罪。在任何情況下，我們都不能去犯這五逆重罪，這就是所謂大逆不道。

十惡當中，身惡有三種：第一，殺；第二，盜；第三，邪淫。

　　口惡有四種：第一，妄言；狂妄、虛浮、欺騙。第二，兩舌；挑撥離間，搬弄是非，造謠中傷。第三，惡口；粗魯粗暴，出口傷人，冷嘲熱諷。第四，綺語；髒話、口頭禪、雜燴語、粗話。

　　意惡有三種：第一，貪欲。貪財、貪色、貪名，貪食、貪睡，這是五欲之貪，貪圖享受、享樂，貪欲也是造惡。正常索取，這不是貪。貪是過度、不擇手段，迷在這裏面了，為了利而不擇手段，不惜傷人害命，不惜違背倫理道德。

　　第二，嗔恨。憎惡、發怒、仇恨、記仇、報復。這也是一種惡。

　　第三，邪見。不信佛法，不信因果，自己不信還宣揚，別人信了還去詆毀。

　　所以，十惡是身、口、意所造的十種惡業。身惡三種，口惡四種，意惡三種。我們要積德，以後就沒有業障來障礙修行。得把身口意戒住，不造十惡，不犯五逆重罪，心自然而然的就開始清淨。清淨的前提是什麼？福慧具足，得有福報。福報怎麼來的？不造五逆十惡，多行布施、持

戒、忍辱、精進和禪定，得般若智慧，不斷造福，給自己積功累德，得福報得智慧，稱為福慧雙全。福慧雙全的前提下，心才能清淨、才能得定，這是戒、定，得了定就有慧，有了慧就有定，就是這麼一個過程，就是戒定慧。

所以五逆十惡是佛法當中，每個人都要知道的最基本的人倫道德，是最低的標準，如果連這都守不住，那麼就連普通的眾生都做不好，何況修行人，還走在修行路上，人都做不到一個合格的人，那就別提行菩薩道了。

這個障是怎麼來的呢？我們之前講了邪見形成所知障，所知障是劃分在惑障裏面的。我們現在說的是業障，就是我做了五逆十惡的事，種了因，就一定得有果。這個果，就是現實中的種種障礙、煩惱。為什麼小人就針對你呢？為什麼小人就想害你呢？小人難道沒有朋友嗎？小人就不會去幫人嗎？在你眼中的小人會不會是別人的貴人呢？人家怎麼就看你那麼不順眼呢？有的人是一見面沒說話，不知道為什麼就看著討厭，煩得很，惡向膽邊生，就開始傷害他，為什麼？查一下他們的前世，這兩個人恩怨糾纏了多長時間、多少世都有可能，這一世又碰到了，這就叫做不是冤家不聚頭。

所有相識的人、相關的人，有的是結善緣而來，有的

為報惡緣和孽緣而來，孽緣和惡緣怎麼來的呢？就是你在別人的身上犯了五逆十惡，你犯他，他又犯你，這一世兩個仇人相見分外眼紅，是化解不了的。現實中你再請他吃飯喝酒、摟脖抱腰，甚至給他利益，也化解不了，這是來自於心底深處的東西。

真正走上修行這條路，就能化解。怎麼化解呢？還是得有我們的方法回到過去，化解你曾經對人做過的五逆十惡這些事，有可能為了貪圖利益，或者一時憤怒心起把人殺了。殺的也許是個動物，也許是個人，這種恨很難放下，不化解會生生世世跟著你。當然了，你為什麼殺他呢？他被殺是一個果，是不是也有因呢？再往前世看，就發現他還曾經殺過你，這就是冤冤相報何時了，就是糾纏。經常在一起的人，要嘛因善緣而來，要嘛因孽緣而來，一定都是有原因的。

現實中有的人福報特別大，命特別好，有任何困難的時候一定會有貴人出來相助，事業做得很順，沒人騙他，都在幫他，為什麼有這樣的福報？這都是生生世世所積累來的善緣，幫助別人，多行布施，多行持戒，多行忍辱。當你包容別人，放過別人的時候，總有一天在你危難的時候，人家也會放過你，也會包容你。

幫助別人的時候，你覺得會有損失嗎？你幫助過的任何一個人、任何一個動物，甚至一個植物，在宇宙輪迴當中總有一天你們還會碰到，你曾經幫助過的人、動物或植物一定會來加倍的回報你。我們的這種福報和慧是怎麼來的？其實就是修六度而來，布施、持戒、忍辱……這都是功德。

忍辱為何是功德？他欺負我，我不還手就是功德嗎？忍辱是智慧，總覺得別人是欺負你，總覺得別人有意的在傷害你，這都是你認為。你看到的不一定是真相。為什麼說忍辱、包容是德呢？不是我認為別人欺負我了，我就奮起反擊，更深的傷害他，你認為這是平等、這是勇氣，才不是呢。當你認為別人會欺負你的時候，你看誰都在欺負你。

就像你有一個寶物，當你覺得別人會爭搶、打它主意的時候，你看任何人在看你，都覺得在是打你的寶物主意，然後你就會去反擊，會有很多過度過分的報復行為，你還理所當然、理直氣壯的。你天天都在防禦、都在反擊，就這樣造了惡業，別人都不知道你為什麼這樣。其實人家不一定是那麼想的，都是你眼中看到的，耳朵聽到的，都是你認為的。我們很難從「我認為」中出來，我相信我看到

的，有一點信息就去分析、延伸，然後下一個結論，其實往往都是錯誤的。那都是世間智，在世間看似很聰明、很敏感、很敏銳，其實那是幻覺，你是偏執的。

佛法講，世間智就有這個特性，是局限的，有針對性的。所以什麼是忍辱？放下我認為。總覺得別人是傷害你，不一定是這麼回事，搞不好還是在救你或者在幫你。有的時候你犯了錯誤，單位主管劈頭蓋臉一頓臭罵，一腳給你踢出去了。你就開始恨他，為什麼主管這樣對我，不過就犯了個錯誤。但是你就不知道背後主管的良苦用心。你犯的錯誤，高層主管完全都可以開除你，其實他對你做的一切都是為了保護你，劈頭蓋臉一頓罵、一腳踢出去，就是在給別人看，你已經受到懲罰了，但是他會保護你，不會讓你受到更深更重的懲罰。但是你看到的就是踢了你一腳，罵了你一頓，對你特別嚴厲、特別厭惡等等這些表相，我們往往都會被這些表面的現象所迷惑，所以稱為迷，這也是一障。

佛法學什麼？要清明，怎麼能清明呢？你得破除無明，看到本質。怎麼能看到本質呢？我們的眼睛、眼根生成這樣，就是向外看的；我們的耳朵長成這樣，就是向外聽的。但是我們修行，反而要把向外看的眼根、耳根收回

來，這才是向內修。本來就長得就向外看了，又執著的向外去看，那就是凡夫、普通人。直接就被外境所牽引了，就形成各種惑，然後就去造業，形成了各種惑障和業障。所以，我們為什麼修佛法？知道真相了，清淨了，就不會造業，也沒有那麼多惑了，自然而然的福慧雙全。這是修成菩薩、行菩薩道、正佛之果的最基礎的前提。怎麼修？還是從布施、持戒、忍辱、精進、禪定的角度來修，前面三個得福，後面得慧，最後做到福慧雙全。

不從有形上去修，怎麼克制有形的欲、有形的障因呢？

第三重障，是報障。

什麼是報障？三途八難，命運多舛。報障現前，我們痛苦不堪，這是大障礙。

三途是三惡途。即是畜生、餓鬼、地獄三惡道。

五逆十惡是造業之因，是業障。前面生生世世不斷的去造五逆十惡，後面的果報就是先入三途，即三惡道。或者變成畜生，天生愚癡；或者變成餓鬼，貪得無厭；或者入地獄，變成地獄眾生，是受苦的果報和煎熬。

地獄是火途，餓鬼是刀途，畜生是血途，這是三途。

為什麼畜生是血途？畜生會被人殺，養的豬、鴨、羊、牛，被人吃，人就得殺它。要嘛就是動物相互殘殺，老虎、獅子、豹子、狼相互爭鬥殘殺，所以叫做血途。它們很難說有平平安安的一世就過去了。

餓鬼為什麼是刀途呢？鬼，壞事做得多，心虛。什麼是餓鬼呢？因為貪婪。看什麼都貪，不擇手段，時時刻刻害怕，總覺得有人害他，所以四處躲，躲避別人害他，所以這是刀途。

地獄是火途。地獄就是一個大熔爐。還有寒冰地獄。即使是寒冰地獄，寒冰刺骨，它呈現的象也是一片火光。西方叫煉獄，東方叫地獄。地獄不管是東方還是西方，都一回事。不管哪裏的宗教，說地獄的時候都是火，所以叫火途。

這些都是三途之苦，都是「報障」。如果你生成了畜生，怎麼修行？生成了餓鬼，天天都在躲避別人追殺你，怎麼修行？在地獄裏被烈火煎熬著，寒冰刺骨，怎麼修行？如果你真的墮入三途三惡道，根本就沒法修行。

還有「八難」，又稱「八無暇」。

什麼是八無暇？沒有機會能聽聞佛法，即難聞佛法的八種情況，連佛法你都聽不見，你怎麼修行？哪八種情況

不能聽聞佛法？

前三難，是三惡道，畜生、餓鬼、地獄不能聽聞佛法。動物能聽懂佛法嗎？鴨、鵝、狗、豬、牛、羊、老虎……畜生道的都聽不懂；餓鬼也聽不懂，沒那個心思聽佛法，天天都在餓著，天天想辦法貪；地獄眾生天天烈火烤著，怎麼能聽聞佛法。

第四難，是北俱蘆洲人。就是三惡道以外，天道的人。生在北俱蘆洲的人，長壽、享樂、不得病、身體健康，特別享福，這樣的人換作是你，會修佛法嗎，會面對自己的內心嗎？修佛法不就是為了離苦而得樂嗎？北俱蘆洲的人就沒有苦，怎麼修佛法？天天住著別墅，開著寶馬，那麼幸福，美女帥哥無數，壽命長，身體又特別健康，誰願意去聽講經說法、願意去修佛法啊？天天都在享受。所以天人有福報，但是沒有機會能聽聞佛法，這也是八難之一。

第五難，叫做四空天，也叫長壽天。出生在四空天也聽不見佛法，為什麼？因為佛菩薩不去那裏。佛菩薩為什麼不去那裏？那裏的人福報太大，一點苦都沒有。四空天和北俱蘆洲有什麼區別？北俱蘆洲有佛菩薩去傳法，但大家都在享樂沒人聽。佛菩薩不去四空天，這個地方既長壽，又不生病，特別的享福，而且都是享清福。佛菩薩曾經去

過，發現這個地方的人聽兩句佛法，就享受去了，把修佛的事就給忘了。你讓他布施，怎麼布施？人人都富足，誰給誰布施？住豪華大別墅天天都享受，你讓他持戒，惜點福吧，別那麼貪圖享樂，就住一個普通小公寓行嗎？發現四空天就沒有小公寓，全是豪華大別墅，你給自己搭個茅草屋住吧，佛法在那來講不就是給人家找事兒嗎。那裏的人沒有苦，天天就是樂著。人家問佛，為什麼修佛？佛說要離苦得樂，人家回答我已經得到了，我現在就有無限的樂，沒有苦啊，我修什麼啊？已經得到了，所以人家不需要修了。四空天也是一難。

難，不是指多災多難，不是這意思，而是指難聞佛法。

第六難，是聾、啞、盲。有的天生，有的後天。**聾**，聽不見佛、善知識說法，不能得聞正法。**啞**，是說不出來正法。**盲**，是看不了經書。這都是學佛的障礙，生理上的結構，這也是一難。

第七難，是世智辨聰難。世智即世間智慧，辨是思辨，聰是聰明。意思就是世間智慧具備，能言善辯，巧舌如簧，邏輯思維能力很強，分析判斷力和決策力特別強，這也是一難。這樣的人往往清高自大，覺得他比佛都強，誰都不如他，天天給別人講經說法了，聽不到別人給他講正法。

自己一學就會，他天天教別人，都覺得別人學不會，自己什麼都會。這樣的人，即使說有聖者、有佛給他講經說法，也沒用，他覺著得是他教人，這也是一難。沒有謙卑的心，根本不可能修習佛法。目中無人，目空一切，世間太聰明、太有成就、太成功的人，學不了東西，認為自己比佛都高了。其實這樣的人也是一難。

第八難，佛前佛後。正好出生在前面那個佛已經入滅了，後面的佛還沒出來，中間這一段沒有佛的時候，這叫做佛前佛後。沒有真佛怎麼能聞正法呢？遍地邪師，不聞正法，全是身披袈裟，扮成佛祖的樣子，覺得都是佛再世，其實你聽到的都是邪說邪法，不是佛法，而是魔法。佛前佛後，其實都是魔說，真佛不現，不得聞正法。你為什麼就生在這個時候？怎麼就不能在佛出生的時候你就跟著出生，佛滅了以後你就休息？你為什麼就沒有這樣呢？這是需要大福報，是需要善緣、佛緣的。

所以，我們為什麼要天天修大悲咒、念《金剛經》？就是要破障。破什麼障？三途八難之障。天天念大悲咒，就能跟千手千眼觀音菩薩一同出生一同入滅，這就結的是善緣。所以《大悲心陀羅尼經》中記述，大悲咒的十五種功德，得十五種善生，其中就有一種「常生佛國，蓮花化

生」，就是佛在哪兒出生，你就跟在哪兒出生了，這就是一種善緣，就是念大悲咒的功德。你天天造五逆十惡，佛看你在哪兒出生，佛就不在那裏生，就是這個理，你根本就跟佛遇不上，這就是一難。三途八難就是報障。

所以，重障是這三種，惑障是一切煩惱而起，五逆十惡是導致我們業障之因，三途八難這就是我們的報障之果。

第三節

根本煩惱迷惑不覺
離苦得樂福慧雙修

　　在學《六祖壇經》的時候，這些佛法裏的最基本的概念必須都得清楚，不是說學了最高的境界的智慧，就不要最基礎的佛學的觀念、理論和框架了，我所講的這些都是佛學的基本概念。但是你平時很少聽聞，這些最基本的知識根本就沒聽過、不知道，這是不可以的。雖然我們最高境界是修到無形無相無為，但是想學好佛法，都得從最基礎的一磚一瓦修起。這些概念都是磚和瓦，把佛學的最基本框架、架構搭好，後面才能昇華。這條通天的路，也得靠一塊塊的石頭鋪成。

　　我講的這些最基本的概念就是一塊塊的石頭，把這些都領悟好，宇宙的真相一點一點的就在你面前顯現出來，不然就是一片黑暗。只是告訴你在遙遠的星空有個極樂世界，你怎麼看都看不見，眼前迷霧重重，腳下障礙重重，天天講極樂世界又有何用。告訴你遙遠的星空中有個極樂世界，那是我們的目標，腳下又給你擺出路來，照上光，你一步一步的按照這條路去走，心裏想著極樂世界，看著

腳下的路，一步一步的往前走，最後才能到達。

所以講《六祖壇經》最忌諱的就是講空理論，有時候一部《六祖壇經》講下來，大家都覺得對，太對了，但是怎麼修不知道。為什麼？是因為太高了。必須從最基本的理論做起，仰望星空總得腳踏大地。現在學佛的人，很多對最基本的理論都不清楚，所以就沒有登天的臺階，腳踏大地不存在，總是踩不到大地。

這裏「緣邪見障重，煩惱根深」這幾個字，你得知道有多少種邪見，然後才能樹立正見。都有什麼障礙，重障是怎麼引起的，你得知道，才能去迴避、戒除它，才能消障。解鈴還須繫鈴人，從哪兒來的還是從哪兒破。

煩惱根深，煩惱是什麼？煩惱怎麼來的？有多少種煩惱？都得清楚。什麼是根深？眾生是剛強不化，在心中種的菩提之樹，風一吹就動搖了。而煩惱的根扎得太深了，生生世世都在扎著煩惱的根，所以我們成了剛強不化的眾生。我們要知道煩惱根是怎麼扎下去的？怎麼能得到煩惱？最根本的煩惱源自於無明，無明又叫迷惑不覺，所以根本的煩惱就是迷惑不覺。迷惑不覺的狀態下，我們就不清明、無明，就很自然的被本能所牽引。本能又是什麼？貪嗔癡三毒。被三毒所牽引，然後就引發了兩種煩惱，一

種是根本煩惱，一種是隨煩惱。

根本煩惱有六種，隨煩惱有二十種。六種根本煩惱就是，貪、嗔、癡、慢、疑和邪見，共六種。都是由迷惑不覺引發了看不透，執著於貪嗔癡，最後才形成了六種煩惱。前面的貪嗔癡慢疑是惑，叫做思惑，由思想而引發的不明不覺。邪見，亦即是不正見，是知見上的迷惑，叫做見惑。我們前面講了有五種邪見：身見、邊見、邪見、見取見，戒禁取見。

根本煩惱分兩類，思惑和見惑，從而引發了六根本煩惱，然後我們就知道怎麼破。為什麼會引發這六根本煩惱？就是因為迷惑、因為不明。怎麼破呢？首先得樹正知見，先破見惑。然後跟著明師學正道，修正法，行菩薩道，破思惑。修六度，布施、持戒、忍辱、精進和禪定，修六度得了智慧，知見就正了。所以前五度破思惑，後面的般若智慧破見惑，就把我們六根本煩惱破掉，這就是修行。自身先從邪見障重、煩惱根深當中拔出來，然後我再修菩薩的四度，亦即是方便、願、力、智，來利益眾生，這就走向了菩薩道。

二十種隨煩惱，是在六種根本煩惱的前提下延伸出去的，是隨著六種根本煩惱而引發的其他的負面情緒、迷惑，

導致痛苦。所以我們要清楚掌握這些，我們知道了煩惱是什麼？煩惱是怎麼來的？然後就知道怎麼破它。不能說我放下分別了，不思善不思惡，我一下就成了。理是這個理，不能只是天天講我放下分別，不思善不思惡，問題是怎麼放下分別？分別了什麼？執著和妄想是怎麼來的？執著有多少種？妄想有多少種？為什麼執著、為什麼妄想都不知道，這些理都不通，基本概念都沒有，怎麼放下？這樣的放下也是假的放下。就像我們念佛一樣，我們都知道口念心不行，沒有用，阿彌陀佛一句都聽不見，你天天念一百萬遍都沒有用，為什麼？因為都是口上念。

佛經裏講得非常清楚，《無量壽經》裏告訴我們「十念阿彌陀佛」，就是念十聲阿彌陀佛，阿彌陀佛即得現前，接引我去西方極樂世界。但這是理，你一天都念一百萬遍了，早都超過十萬遍了，為什麼阿彌陀佛不現前呢？其實佛經也告訴我們，「十念」你念了嗎？念是什麼意思呢？「念」是一個「今」，一個「心」，即當下的心，還用十念嗎？一念阿彌陀佛就來了，但問題是你是怎麼念的？你「念」了嗎？你那叫喊，是用嘴在喊，口乾舌燥的喊，心裏一下都沒念。

所以，真正最難的法門就是阿彌陀佛的淨土宗法門，

不要以為最簡單，最簡單就是最難。你心裏一下都沒念，哪怕心裏面一瞬間有那一句佛號現前，阿彌陀佛即來。你有念嗎？說那些理有什麼意義呢？明白不思善不思惡、放下執著妄想，就成佛了？那麼簡單，豈不遍地都是佛了？你其實做不到，沒那麼簡單。理上明瞭，事實上做不到，沒意義。

煩惱即凡夫之迷，也就是煩惱即迷惑、困惑。我們現在基本上有個概念了，煩惱是怎麼產生的？它有幾種分類，怎麼破除它？其實就像一個循環一樣，前面講六度是為什麼？我們要修本體，其實六度就是破煩惱，煩惱破了就是離苦，苦是由煩惱來的，煩惱一旦破掉，就離苦得樂了。修佛不就是修這句話嗎？

這種樂是什麼樂呢？不是有漏之樂，不是帶著煩惱的樂，不是短暫的瞬間之樂。真正斷了煩惱的樂，才是常樂。那時候才能真的知道自己是什麼，什麼是我，什麼是淨，即常樂我淨。現在的理解，僅僅是在頭腦的理解是沒有意義的，所以這句話就是在說：「緣邪見障重，煩惱根深」。

所謂的大智人和小智人，上根之人和下根之人，區別在哪裏？就區別在這兒。越下根越小智，越是邪見障重，煩惱根深。越是大智，越是上根之人，越清明越不迷惑，

越不迷惑就越沒有障礙，修行佛法很快，從理上解，馬上就能達到悟境。

現在看，達到悟境可不簡單，要破邪見，樹正知見，平時要修六度，得福慧雙全，沒有障礙，然後再破除煩惱，得常樂我淨。其實佛法就是這麼回事，這就是佛法的基礎。現在是小智人、下根之人，就這樣不斷的勤修苦練，跟明師、善知識去聽聞正法，不斷的堅持修下去，然後積累福慧雙修，修六度、修智慧，後面自然而然就能斷煩惱，離苦得樂。

平常人、眾生在修行的過程中，常見的有兩種狀態，一是在修行的過程中，一旦碰到了障，即是磨難，不順遂了，馬上就不想聽經聽法了；再者，一旦業障現前的時候，就會產生退轉，不信了，心有所疑，這是很普遍的現象。

就覺著我開始修佛，入法門跟著明師善知識來修行，從現在開始一切都非常順遂，財富也會大把的來，幸福也會來了，想要孩子也會來了，家庭一定也會非常美滿，抱著這樣的希望，修一段時間後，一旦業報現前，磨難來了、諸事不順的時候，自然的就會有兩種行為。一種行為，遠離善知識及同修道友、遠離老師，我不聽你講了，都是胡扯，你講這些東西，我聽了照做，天天布施、持戒、忍辱

等等，命運怎麼還不如以前了。馬上就會生成遠離善知識的行為，我不跟你們修了，我還不如以前了。第二種，不願意再聽聞佛法，誰給他講佛法，馬上說：「別扯了，我都學過，我知道我試過，那個時候聽《金剛經》，找了個老師聽《六祖壇經》，聽了一年，結果怎麼樣？你看看我現在成什麼樣子了。」

開始這兩種行為，第一，遠離善知識，遠離同修道友；第二，不聽聞佛法了，不信了。然後，慢慢的在修行路上就退失了，這樣的人是眾生當中的絕大部分。所以眾生喜歡佛法、嚮往佛法，但是真正修成的寥寥無幾，鳳毛麟角，因為都退轉了，都退失了。然後過一段時間又開始信上帝去了，再試試基督教，但是你的模式如果不變，所求是不正的，信什麼最後都是這個結局，所謂的眾生這一生下來修了佛、修了道、修了儒、修了基督、修了伊斯蘭、修了猶太教，修了一大圈，覺得自己天天都走在修行路上，結果一生修下來什麼都不是，什麼都修不成，不斷的精進，不斷的退轉，不斷的變換，這是真正現實的修行當中，最大最大的障礙。

這表現出來的是什麼狀態呢？就是急功近利，是貪欲的一種典型的表現。貪現實的果報立馬現前，得不到就怨、

就恨、就退失、就不信了。修任何的法門都是修心，任何的法門修出來，要把你先前所造之惡業翻出來，讓它現前，然後去對治它、化解它。你生生世世造了那麼多的五逆惡業，現在就在三途八難之中，寄希望於我一得聞佛法，馬上五逆十惡全部消除，立馬從三途八難當中超脫出來，你以為佛法是什麼？

《金剛經》就說，有的人信受、奉行、持行《金剛經》一段時間之後，反而諸事不順，磨難現前，就有這種現象，這種現象是怎麼回事？《金剛經》給我們解釋，你本來這個磨難更大，也許十年、一百年以後才會現前，但是那時一旦現前的時候，你是很難承受的，直入無間地獄，但是因為你修習了《金剛經》，修習了佛法，走向正路，它提前現前了，提前化解，即是把劫難變成了大難，大難變成了小難，小難化解成了無難，這是你修習佛法，真正走上正道，都是正常的。不是說一走上正道，修習佛法，跟上善知識明師，所有的難、所有以前造的業就全沒了。哪有那麼簡單！

熏修是什麼樣的過程？就是反反覆覆消業、消障的過程，就在這個過程中我一步步的提升、一步步前行。在業報現前、化解業障的過程中，一點一點的感悟，一點一點

的斷煩惱。從斷煩惱的過程中，樹立正知見，破掉邪知邪見。怎麼可能一學佛法，一跟隨善知識，馬上就諸事皆順，那不是直接就到了北俱盧洲了嗎？直接就到四空天了嗎？那不就成天人了嗎？

學佛法的目的，是直接變成天人享受福報嗎？福報享盡了以後就落入了無邊的苦海。所以，我們為什麼不往北俱盧洲修？為什麼不往四空天修呢？因為不究竟，那是所謂的長壽、所謂的樂，北俱盧洲人活一千年，而我們現在的人就只活一百年。一千年長嗎？四空天能活一萬年。一萬年長嗎？是針對我們現在的人來講很長，他的樂是終極的樂嗎？不是。當他的福享到了一定程度，一千年到了，一萬年到了，也得落入六道輪迴，福享盡了就落入到了無間無邊的苦海，受煎熬去了。所以佛不建議我們生到那些地方，那也不是學佛之人嚮往的地方，不是終極目標。

煩惱即菩提，不要怕煩惱。不是說一學佛，馬上我就沒有煩惱了。斷煩惱、離苦得樂，和沒有煩惱的福報是兩個概念。所以在此，這句話跟嚮往修行的眾生多說兩句。在面臨現實中的磨難的時候，那叫做業報現前，這個時候就要更加起精進心，更加堅定的去修六度及菩薩行，盡快的在斷除煩惱、化解煩惱的過程中，獲得智慧，破除無明，

堅定的走在菩薩道上，不質疑，不退轉。記住：一門深入，長時薰修。不管這條路是怎麼曲折，怎麼荊棘遍布，我都堅定的走下去，這才是後面能成就道果的唯一正確的方法。這就是我們解讀「邪見障重，煩惱根深」的含義。

如果不能破除邪見，不能積福慧雙德，業障深重，煩惱根深，就像「大雲覆蓋於日，不得風吹，日光不現」。打一個比喻，每個人的本性發出的智慧之光，就在朗朗上空，陽光普照，一點沒變，沒有誰的多，也沒有誰的少，都是一樣的。但是這些邪見以及業障和煩惱，就像大雲蓋日，厚厚的烏雲，完全把太陽遮蔽了，還不得風吹，根本就動不了，所以日光不現，智慧之光不會照耀下來，一點都透不下來。就是這樣一個比方。

其實，每個人的智慧之光是一樣的，只需要把邪見、業障和煩惱斷除掉，雲自然就散了，智慧就現前了。所以智慧不是修的，不是練的，不需要你去練智慧，不需要你去得什麼力量，力量也不是練出來的，智慧現前，自然無窮的力量就在那裏，我們練也不會增加一分智慧和力量，我們不練也不會減少任何一分的智慧與力量。我們只需要把蓋在頭頂、遮住太陽的烏雲驅散。

烏雲從哪兒來的？烏雲從我的內心發出去的，怎麼發

出的烏雲？當我每一個邪見起行的時候，就發出了黑煙黑氣；當我造了五逆十惡，惡業之因的時候，就從我的心裏發出了黑煙黑氣。當我煩惱叢生的時候，就從我的心裏發出了黑煙黑氣。這些黑煙黑氣生生世世不斷的發，就在我的頭頂積累成了厚厚的、巨大的烏雲，把我自性的般若之光、般若智慧徹底遮蔽，我才迷惑了，我的世界才黑暗了、迷霧重重了，我才認不清方向，找不到回家的路了。

第二十九章

般若之智亦無大小

開悟頓教即是見性

第一節
內修自心悟自性
常樂我淨大圓滿

【般若之智亦無大小，為一切眾生，自心迷悟不同。】

這裏講的般若之智，沒有大小、上下、高低、貴賤之分。般若之智，人人盡通，本性只有那一個。大海當中的任何的一滴水，有它的個性，但是融到大海當中之後，所有的每一滴水又都有它的共性。不管你是上根人、大智人，還是下根人、小智人，般若之智不變，是一切眾生自心迷悟不同。

根據什麼而有差異呢？每一個眾生就相當於大海中一滴水，每一滴水的不同導致了智慧有大有小。智慧本身無大無小，有的水滴受污染、渾濁了，有可能變得漆黑；有的水滴沒有受污染、清澈，清澈的水滴就能把大海的共性顯露、呈現出來。而污濁的水滴就呈現不出大海的共性，雖然呈現不出來，它還是具備大海共性的。水滴與水滴之間本來沒有差別，本來都是一樣，但是由於自心迷悟不同，差別就在自己心中有迷有悟。迷，即被污染;悟，清淨透澈，不外乎就是這樣的差別。

什麼狀態下迷？迷什麼了？內迷五欲，外迷六塵，以假為真，以幻為實。悟就是看透了本質，真真假假，虛虛實實，能看得透，能悟得明白。迷者，越迷邪見越重，障礙越重，煩惱越重。就像我們比喻，一滴海水被污染了，變成了黑漆漆的一滴，但也叫水。悟者就是清澈、清亮的一滴水，就呈現出大海的共性。

【迷心外見，修行覓佛，未悟自性，即是小根。】迷心外見，這裏有一個「迷」，有一個「外」，還有一個「見」。迷什麼？我們說內迷五欲，外迷六塵。眾生是迷人，迷者表現出來的現象，有以下四種顛倒的狀態。

第一種叫做「常顛倒」。

常顛倒，術語上稱「認緣生之法、幻有之相，以虛為實，以幻為常」，所以稱「常顛倒」。什麼是「緣生之法」？一切萬物皆是五蘊因緣聚合而成，所以叫「緣生」。因緣聚合而成，即有生有滅，是一個假相，是虛幻的，緣散了這個物就滅了，不是恆常的，不會一直在的。緣聚了人事物就生，緣散了人事物就散，不是實有的。而迷人，以幻為有，覺得這是實實在在、真正存在的，以虛為實，所以就叫「顛倒」。在顛倒的狀態下就迷進去了，所以才會被內五欲以及外六塵所牽引，以此為實，覺得這是實實在在的。

把情感當成實實在在的，其實情感就是緣生緣滅，存在嗎？只有你把它當成真實存在的時候，它才是真實的存在，然後才能真正影響你，影響著你的受、想、行、識。任何東西都是地、水、火、風四大和合而成，緣盡了就散了。一段情感也是一樣的，緣生緣滅，本質是幻，如果你以此為實，你就執著了，你就當真了。

　　財富也是，當你知道這個理了，要想得到財富太容易了。聚財富之緣，緣聚而生，緣散而滅。你不能把它當真，真的給它當真了，當成實有了，你就執迷進去了，你就變成它的奴隸了。你想改變它，想擁有它，就太困難了，要想擁有、改變一個實實在在客觀存在的東西，難度得有多大？但是如果你要改變的只是一個虛相，只是一個空有，只是一個影子，那就很容易。

　　僅僅是個影子，不能以幻為實。是幻，我們就很容易能左右它。僅僅是個投影，當我們找到投影源，一改變投影源，比如財富，我想讓它是一座金山，它就是一座金山；想讓它變成一顆珍珠，它就是一顆珍珠；可大可小，可生可滅。這個時候境隨心轉，這就是悟者、智者，就不是迷人了。

　　迷人常顛倒，認幻為真，以虛為實，這樣就會被財富

或者情感所牽引著走，就不是我來轉財富與情感，而是被財富與情感所轉，得到了就開心雀躍，就有安全感；沒有得到，我就悲傷、就自卑、恐懼、害怕，拼命的要得到。把它當實有了，你就被它所轉。你把什麼當實有，當成實際存在，你就被什麼所轉，這就是「常顛倒」，這是迷人的第一種狀態。

第二種狀態是樂顛倒。

樂其實就是享樂的意思。把色、聲、香、味、觸、法、名、聞、利、養等感觸，以為是樂。聲、香、味、觸、法、名、聞、利、養、財、色、名、食、睡這一些乃眾苦之因。而迷幻的眾生是在享受著眾苦之因，所謂以苦為樂，這是「樂顛倒」。

本身這些是煩惱的根源，你反而以此為樂。天天追逐這些，好像就得到了樂。這種樂是建立在什麼基礎上的？是建立在苦之因的基礎上，得到了樂馬上就有煩惱，更大的煩惱就來了。越追逐這些方面，煩惱就越重，就越苦。色、聲、香、味、觸、法、名、聞、利、養、財、色、名、食、睡，這僅僅是你的受、想、行、識，是你的感受、感觸。當你得到這些東西的時候，你感覺很享受、很享樂，但這是有漏之樂，這些都是眾苦之因。為什麼現實中這麼

多的煩惱和痛苦，其實都是從這兒來的。不斷的追求感官的享樂、感官的刺激，得到樂的同時也給你帶來更大的苦、更大的煩惱。

看不透，還在追逐，就是在追逐著外境，追逐感受也是外境。我身體的感受，也是在追逐外境，就被外境所牽引，由受引發你的思，由思引發你的行，由行而引發你的識，由識就會引發你的行為模式，你的言行舉止，決策判斷，就根據這些來了，然後就陷入顛倒之中，墜入到無盡的煩惱之中。為了得到那點樂，而受盡了無盡的苦。這就像賭博一樣，就要當時的那種感覺，賭得身家全無、身敗名裂，到後面有無盡的煩惱。像吸毒一樣，為了得到當時那一點幻覺、那一點虛幻的樂，背後是無盡的煩惱。其實我們世人每一個人都在吸毒、都在賭博，這就是「樂顛倒」，這是第二種狀態。

第三種是淨顛倒。

什麼是淨顛倒呢？我們以身體為美，而在追逐所謂的淨，我們看皮膚的時候，喜歡白晰細嫩，覺得乾乾淨淨真享受，但是每一個人其實都是臭皮囊，它本身是不淨之因，怎麼也不得乾淨，我們還留戀它，還裝扮它。皮膚黑，還用化妝品弄白，抹上厚厚的一層去遮蓋，然後以此為淨。

其實，每一個人九竅流的都是膿，都是污穢之物，當五臟六腑打開了以後，還有什麼淨？其實這就是假相。

眾生享受口味，吃大魚大肉、山珍海味。想一想，大魚大肉、山珍海味都是動物的屍體，我們要用厚厚、濃濃的佐料，把動物屍體的腥臭給遮蔽了，其實我們吃的是佐料，我們還以此為淨。食物真精美，美女真漂亮，這都是假的，都是虛幻不實的。所以叫「淨顛倒」。

人身淨嗎？天天留戀著美女帥哥，留戀他的身體，他的身體淨嗎？九竅哪個竅流出來的是淨呢？都是污濁污穢，都是從體內排出去的。所以說迷人經常被顏值、外貌所迷，經常被精美的食物外表所迷，你看看它的本質，把魚殺了、把豬殺了、把牛羊殺了，都是血污，如果不加佐料，你嘗一嘗吃一吃，哪個不是腥臭？所以這就叫「淨顛倒」。我們天天大嚼腐爛的動物的屍體，以此為美，以此為淨，這都是苦之因。所以，越貪圖美色，越貪圖美味，越墮落，成為顛倒眾生。

我們講迷心外見、迷悟不通，修行到底修什麼？就要從顛倒當中要清醒過來，看透真假，看透虛實，然後我們追求的是真，是常、樂、我、淨。我們迷人是什麼？是常顛倒、樂顛倒、我顛倒、淨顛倒。現實中的人，「常樂我淨」

全是顛倒的，這就叫做迷人。而真正的悟者，追求的是真實的常、真正恆久的東西；追求的是無漏之樂，亦即是不生不滅的樂，時時刻刻存在的、真實的樂；追求的是真正的淨；追求的是真正的我。

第四種就是我顛倒。

這裏的我，是把色身當我，所以你是顛倒眾生。色身不是我，色身是假我，你要把色身當成我，那麼生老病死的這個身體，就變成了永恆不變的我，那你就受苦吧。因為身體本身舒服、得樂的時候少，生老病死的時候多，你得去愛惜它，去守護它，稍不注意皮膚就被碰破了，稍微不注意聞著點不潔的空氣、喝了污濁的水，你的身體立馬就會起變化，就會痛苦。稍微有一點不好就痛苦，然後我們都以身體為我，這就是「我顛倒」。

所以，我們特別在乎對身體的保養，別讓身體生病，別讓它老去，但是你能控制得了嗎？所以我們每天其實都在追求怎麼保養身體，怎麼防護身體，怎麼讓身體的感官、各個器官舒服，吃好吃的讓胃舒服，見美色讓眼睛舒服，和美色擁抱、睡軟軟的大床是讓身體舒服。其實我們每天都在為身體服務，為這個身體的感受服務，然後我們就變成了色身的奴隸，這叫做顛倒。

反而是認假為真，任賊做父，所以你顛倒。這就是迷人，迷人和悟者不同之處就在這常樂我淨四顛倒。悟者不顛倒，是清明的，所以才稱為悟，不會被常樂我淨這個外相所束縛。因為，剛才講的，迷人顛倒，認賊作父，認假為真，認幻為實，這就是我們諸多煩惱與痛苦的根源。

　　迷人和悟者在表像上有什麼區別？最大的區別是迷人越迷越煩惱，越煩惱越痛苦；悟者越悟越清澈，越悟越沒有煩惱。越沒有煩惱，那種真正的喜悅、真正的常樂我淨就會出現。修行追求的是什麼？追求的就是我們的身和心不要被內五欲及外六塵所牽引，不要認賊做父，不要以假為真，不要以虛為實。我們要達到的目的是，樂是常樂，淨是常淨，我是真我，找到本性，找到本我。

　　常顛倒、樂顛倒、淨顛倒、我顛倒這是迷者外顯的四種狀態，我們知道了就要去對治它。為什麼叫迷心呢？因為只有心是真實的，一切的真我、真實的感受從心中來，離開了心，心迷惑了，不知道這顆心，所以我們就迷了，被內欲以及外境所牽引，就是因為我們失去了這顆心。外見，外即是假、即是賊，以假為真，認賊作父，外見也叫外修。

　　修禪最重視的是什麼？觀照自心，不執外修。何謂外

修？向外去修行。修什麼？修行形象，修行外在的一切。眼所見的，耳所聞的，外在的一切，向外去修，總想改變外境，改變外面的世界，覺著外面有一個佛，要向外面的佛去學習、去祈求祈願，這都是叫外修。為什麼？因為他沒有明心見性，不知道外在的一切都是虛的，都是我心投射出去的，要想改變外境，只有一個方法，就是反觀內心，觀照我的內心，改變自心，外境自然會改變。

不明其理的就會向外去念佛，以為阿彌陀佛在外面，在遙遠的極樂世界等著我，我一念佛，佛他聽見了就來。有個他聽見了，這都是外修。如果這樣外修向外求佛，你因此而念佛，念的就是魔。如果阿彌陀佛真來了，站在你的眼前，一定是魔。所謂的打坐、禪定，這都是外修，練的是一個外在的形式、外在的形象，這些通稱為外修，當你沒有明心見性的時候，你修的所有的佛法都是外修，修的都不是真實的佛法，而是魔法。

真正的佛法一定是從自性下手、從內心下手，佛也不是外在的佛，而是我的自性、內心外顯出去的外化之佛。外面的佛是假佛，外面的佛像是假的，唯一真的佛只在我的自性中，這才是真正的佛法。所以，佛法事實上叫「內學」或者叫「內典」，都是往內在和自性上去修學，這才

是真正的佛學。

向我內在去觀照，去了悟，印證我的自性實有，外面的一切內五欲以及外六塵，是虛中有實，假中有真。所謂虛中有實，它是虛幻的，但是虛幻當中也是我的本體自性投射出去的。通過觀察內五欲、外六塵的形形色色、成住敗空，能夠反觀我內心的狀態。

要想修真，向內修，無法把我們的內觀拉回來向內，那就根本找不到心和自性？怎麼能找到心或者自性？我們還得去觀察外六塵以及內五欲，但是要清楚外六塵與內五欲不是實有的，只是一個影像，是通過外顯的影像，才能反觀出內心的狀態和我的自性的本體，這才是真正的佛學，這叫做借假修真。離開了假也找不到真，離開了真也沒有假，這個理要清楚。內五欲以及外六塵，雖然是外，我不執迷於其中，但是又不能離開內五欲、外六塵，我要通過假找到真，去轉化它、圓滿它，就會發現內五欲、外六塵都會隨之而變化。

所以真和假相對應，虛和實相對應。離開了假我們找不到真，但是不能以假為真，以虛為實。所以，這就是「內學」。所有佛法修的一定是內在，一定是自性，這就是迷人與悟者的不同。迷人與悟者看世界、看問題都是顛倒的，

迷人認為對的，悟者一定能看透，能看出一定是不對的。迷人都是以假為真，以錯為對，以邪為正，而悟者都是與之顛倒的。所以說，順則成人，逆則成仙。按照眾生看待宇宙萬物的觀點、認知，我們順著眾生去走，那就是眾生、就是迷人，逆著來、顛倒眾生的觀點知見，顛倒著來，我才有可能修行成仙、成佛作祖。

所以，修行人是逆流而上的人，修行人一定是眾生當中的極少數者，修行人必得是大勇氣者，修行人必然不是隨波逐流者，是與眾生相反的。他得需要大勇氣，不能隨波逐流，逆著眾生而行，可不容易，需要清明的頭腦，需要有般若的智慧，更需要有善知識在前面引領，要有衝破萬難、逆流而上的勇氣，還要有力量。

「迷心外見，修行覓佛，未悟自性，即是小根」是在這種情況下，呈現出來的狀態就是眾生的狀態，即是顛倒的狀態，顛倒眾生。因為你未悟自性，沒向內尋，找不到本體與自性，那就是小根。所以小根人的狀態是什麼樣子？常樂我淨大顛倒，越是顛倒迷得越深，迷得越來越深，就墜入三惡途，所以就稱為小根，區別就在於此。怎麼能夠從顛倒轉向清明？怎麼能夠不顛倒？就必須系統的修習佛法。

釋迦摩尼佛祖把佛法帶到了人間，這是第一等大功德，讓顛倒的眾生有了一條通向菩提的路。沒有佛祖給我們打開這條路，打開這扇門，我們根本就不知道我們原來是顛倒的眾生，根本就不知道這種常樂我淨，原來人生居然可以達到這種境界、這種圓滿。

　　如果沒有佛法、沒有釋迦摩尼佛給我們做榜樣，引領我們往前走，打開這扇門，我們就以為人生就是苦樂參半，苦是必然的，因為我生而為人，與生俱來的就是苦，參不透這些的時候，就只能感受著樂與苦，只能在輪迴中、苦樂中不斷的循環，不斷的往復，那將永無出期。所以，無緣得聞佛法之人是最悲哀的，就在地獄煎熬，痛苦哀嚎，但是永無出期，就是不知道一轉身，其實通向清涼之地的那個門就在身後，他永遠都看不到，天天在哀嚎，認為這就是他的命。

　　而佛就會指點我們，讓我們回頭，一回頭我就看到了那扇門，只要我按照佛的指引去前行，就能從這扇門出來，就從痛苦的煉獄直入清涼之地，身心清涼，這就是佛的偉大、佛的功德。

　　《六祖壇經》、禪就是用各種方法在點化、告訴我們，其實就是一句話：回頭吧，不要向前看，回頭是岸，一回

頭你就解脫了。但是，我們頑固眾生，就像飛蛾一樣，哪有火往哪去，不斷的循環，這一生撲向了火裏，被燒滅了，下一世變成又一個飛蛾奔著火去了。

六祖惠能、釋迦摩尼佛祖一再阻擋我們說，看著它是亮，那是地獄之火，會毀滅你的，你會墮落的，回頭吧，不要向著火去撲了。那火就是我們的五欲六塵，但是我們不聽，剛強的眾生自以為是，飛蛾撲火那是一種本能。只有極少數的飛蛾能克制住向熊熊烈火飛撲的慣性，聽佛教誨，轉身離火而去，後面才能破繭而出，真正重生，化繭成蝶，生命才能昇華。

一部《六祖壇經》，我們通過方方面面來講解，其實講的都是一回事，就是告訴眾生，別再順著慣性往前跑了，那樣你就是飛蛾，你就向火在飛奔，最後一定是滅亡，或者下地獄，或者變畜生，或者變餓鬼，永無出期。

我們講的就是一件事，講的就是一句話，告訴所謂顛倒迷失了的眾生，停下來改變你的慣性，克制、控制、戒住你的所謂的本能，轉過身來回頭是岸。這就是這句話所告訴我們的，我們要控制好，不要迷心外見，不要被外境所迷。五欲及六塵就是外，就是烈火，不要向烈火去撲了，不要被它所牽引，清醒一下，不要外修覓佛，向外找的那

個佛就是火光，你以為那是光明，其實是魔窟是地獄。向內看，向內去修吧。

第二節

但於自心常起正見
文字觀照實相般若

六祖惠能向我們再次強調，【若開悟頓教，不執外修，但於自心常起正見，煩惱塵勞常不能染，即是見性。】

怎麼向內修？怎麼能開悟頓教？怎麼能心開悟解呢？六祖惠能明明確確的告訴我們，第一步就是「不執外修」。怎麼能做到不執外修呢？不被外境所吸引呢？只要於心中常起正見，就能不執外修。我首先得知道，飛蛾撲火是奔向光明，奔向光明之心沒錯，但是火光可不是真正想要的光明，那是假的光明，火也有光，但那不是飛蛾想要的光，是會焚燒、毀滅飛蛾的光。

所以，我們一直在講，不要認假為真，以虛為實，要讓眾生清醒，不要顛倒。真正的光明不在外面，不要飛身向外去撲向光明，真正的光明只有在你的內心。內心的光明我怎麼看不到呢？因為邪見障重，煩惱根深，所以看不見光明，邪見就把光明給遮蔽了；障重，惑障、業障、報障，重重的障就把光明給遮住了，所以內在的光明看不見，從內在湧出的都是煩惱的黑煙與陰雲。

智慧的陽光不是在外面，而是在內心自性中發出來的，怎麼能夠向內看見，能夠感知到自性的般若智慧以及般若的大光明呢？只有一個辦法，「但於自心常起正見」，這是唯一正確的、脫離苦海的方法。

正見兩個字代表的就是佛陀的教誨，是我們的起修處。邪知邪見形成所知障，由於邪知邪見引領著我們的行為，由五欲十惡產生了無明以及煩惱，又造了重業。無明產生煩惱，重業形成障礙。煩惱根深、重重障礙，遮住內心發出的光明。怎麼破邪見？用正見破邪見。我們前面說了很多邪見的種類，邪見的表現形式。

所謂「但於自心常起正見」，什麼是正見？見即是知見。什麼是知見？我們要一點一點理清楚這些概念，不要模糊，覺著我知道。世人之所以是世人，之所以被迷了，是因為我們世人有一個共性，就是什麼事都得過且過，覺著我明白了，不深究其理。其實你覺得明白了，看到的都是表相，你覺著看到了表相，根據你的分析判斷推理，你覺得自己明白了，其實覺著的明白、對，往往都是錯的，並不明白。

而聖人、佛祖與我們的不同之處在哪裏？所有的聖人都會究其理，不是我以為，不是只以眼前的色相、所看到

的這些為真，要究其背後的理，也就是究其本質，這是聖人的共性。

釋迦摩尼佛祖從太子出家，因為他見到了世間有苦，生老病死皆是苦，即使做國王也有生老病死。再看世人貧窮之苦、求不得之苦，各種各樣的苦。他看到了苦，然後又去找到怎麼能夠讓自己及眾生徹底擺脫這些苦，所以釋迦摩尼佛祖遠離了王宮寶座，不當世間的王，走上了一條修行之路。他通過什麼走上這條路的？就是觀世間的苦，去找苦之因，到底為什麼有這些苦？然後再去找滅除這些苦的方法，最後圓滿成佛，亦即是他找到了方法，真的能把苦滅了。所有的佛經、佛典、佛法就是這樣出來的，是對苦深深的探究的結果。

世人無苦，覺得什麼都是樂，根本就沒法去學習佛法。天天在享樂，覺著非常開心，為什麼要學習佛法？看不透世間是苦樂參半。我們講世間之事，不開心的是十之八九，開心快樂的也就十之一二。如果你不認同這一點，只看到了十之一二的開心，看不到那十之八九的苦，是一種逃避。

你不苦嗎？生病了不苦嗎？壞人害你的時候不害怕不恐懼嗎，難道不是一種苦？孩子出車禍、發生意外了、生

病了、早夭了，你不苦嗎？如果你覺得這都不是苦，這都沒問題，就是逃避。孔子也是一樣，他怎麼成為聖人的？看到任何事物的時候，都不是直接憑自己的感覺或者感受來下定義，不是我認為對就是對。他怎麼修？格物，看任何問題的時候，看到外境、各種相的時候，都要格其物，即是究其理，越往後究越發現我們看到的表相，原來都不是實有的，原來看透個性背後是有共性的。共性又是什麼呢？他在尋找這個，最後才成了聖人。就形成了格物致知，即通過格物究其理，形成了正確的良知、正確的知見，即是正見。對宇宙萬事萬物的認知，有一整套正確的觀念，在正確的觀念的引領下，才有了誠意、正心，而後是修身、齊家、治國、平天下。

其實，儒家孔子和釋迦摩尼佛祖是一類人，他們究萬物之理，究出的最深層的理都是共理，是無二的。佛法說的即是儒學，儒學說的就是佛法，如果有二就不對了。他們揭示的都是最高境界的理、最高境界的法，都是格物來的。孔子有孔子格物的方式，釋迦摩尼佛祖有佛祖格物的手段，格出來的都是一樣的。釋迦摩尼佛祖是從苦上格，而孔子是從善中格。釋迦摩尼佛祖從苦中格出了一整套佛法，孔子從善中格出了一整套儒學體系。看似格的是兩個物，其實得出的結論是一個，都從中看到了宇宙自然，包

括人的本體與真相。不管從哪個方向格，從哪個角度格，從哪個事物上去格，最後都一定歸於正見。

我們現在講的是佛法，佛法的正見都包括什麼？什麼叫做正見？見是對什麼的見？我們簡單的說，其實就是對於名、色、形、十八界直接的認知、理解、知識，並且有正確的瞭解，這就稱之為正見。

何為名？萬事萬物皆有其名，亦即是外在的定義。何為色？色就是相。萬事萬物皆有其形，即是色。形有其成住敗空的規律。何為十八界？即六根六塵以及六識內外的十八個層次。

對萬事萬物的名、色、形以及十八界有正確的瞭解，這是正見；而錯誤的瞭解、認知和判斷，這就是邪見，也叫不正見。正見乃佛法修行八正道之首。對名、色、形及十八界沒有正確與不正確的瞭解或者見解，我們稱之為無明。不知道什麼是正什麼是邪、沒有判斷、從未想過，萬物都稱其名、有其形、有其相、有其發展規律，但我從未想過，不想也就不知，既沒有正見又沒有邪見，其實就是無明。最悲慘的就是無明，無明眾生引發種種的煩惱，煩惱怎麼來的也不知道，反正來了就應，該哭就哭該叫就叫，該求觀音求觀音，該拜上帝拜上帝，這就是無明眾生引發

形形色色的煩惱。

因為無明，生起無慚無愧，引發邪見。因為無明，也就不想，不想還心中不安，還要顯得比別人高，覺著自己有知識有智慧，堅持於我認為對的就是對的，這就形成了邪見。不去解讀經典，不去尋求、親近善知識和聖者，不去向已經究其理、得道的人去學習，反而根據自己的認知、判斷與觀察下定義，結果得出的都是邪見。所以越迷越深，越是建立了一整套的邪見體系，越是按照邪見去修，就越來越墮入三惡途，最後成了偏執的魔。這都是不起正見導致的。

由正見就會自然生起八正道，正見是八正道之首。先有了正見，之後才能有八正道。由格物、格苦，佛法一整套的體系才建立了起來，這一整套的佛法體系是建立在一整套正知正見的基礎上，要想學習、學好佛法，尤其要想把禪學好，禪是最上乘、最高境界的佛法，必須得知道佛法這一套正見的體系是怎麼建立的，都包括什麼內容。如果連這些都不清楚，學佛法學的就都是碎片，在心中成不了體系，沒有框架，根本就不知道自己學的是什麼。佛法的這一套正見體系到底是什麼呢？就是佛法的根本教義。這我們要清楚其中包含什麼。

佛法的根本教義，最基礎的、最根本的四大教義：第一是四聖諦，第二是八正道，第三是緣起性空，即緣起論，第四是三法印，由這四大結構形成了整個佛法正知見體系，就是佛法的根本教義。

修習佛法，一定得先從四聖諦起修，這是指正見。而六度是行，得是在正見的基礎上才能去行，正見是什麼都不知道、不明白怎麼行？以為天天行布施，財布施、法布施、無畏布施，天天做好事就是行，就是修佛法嗎？外道更加是在布施，甚至布施到身無分文，所有的一切都布施出去了，連命都能布施出去，但是卻成不了佛。為什麼？誰都能行布施，凡夫能行布施，外道能行布施，壞人都能行布施。成佛之道不是布施，而是建立在正見上的布施，有智慧的布施，我們說的是修布施波羅密。

布施是有智慧的，我們說無相布施，是佛法之布施，是建立在佛法正知見上的布施，那才能通過布施達到波羅密、到達彼岸。沒有智慧，何談布施？以為把錢都捐出去就叫布施嗎？搞不好還是在做壞事。

把萬億身家都捐出去給一窮二白、掙不到錢的人，你就是大菩薩嗎？本來那些天天拼命努力工作的人，就是為了能改善自己的生活，不惜起早貪黑的勞作，你不分青紅

皂白，自己萬億身家直接就給人家 100 萬，好像救了 1 億人，但是他們拿到 100 萬後，還勞作嗎？你看看他們幹什麼？多少曾經的無產階級，突然拿到一筆巨額補償款之後，馬上住豪宅、買好車、賭博、吸毒，從此以後不事勞作，墮落了。這種布施難道不是在造惡業嗎？

所以布施如果沒有智慧，那也是造惡之因，可不一定是成佛之因，可不是度。必須得是有智慧的布施，才能真正達到波羅蜜的彼岸。怎麼才能做有智慧的布施呢？首先得在正見的基礎上，才會有智慧，這就是六祖惠能告訴我們的，怎麼修才能修到正道。我們現在是迷人，怎麼能夠修成上根、上上根，然後修成智者，修成大智人，這就是在教我們方法。

方法就是「但於自心常起正見」，因為起了正見，煩惱塵勞常不能染，才不會被內五欲以及外六塵所沾染、執著，這才是見性。明心見性就是從內心常起正見開始起修。不是僅僅一句「樹立正知見，打破邪知見」的話，什麼是正見？什麼是邪知見？這我們必須清楚。六祖惠能說得很簡單，他直接就說「自心常生正見」，就說完了，方法就告訴你了。但是，什麼是正見，怎麼修？就只正見兩個字，整個佛法的體系，根本的教義都在這兩個字裏了。

剛才說的四類，四聖諦、八正道、緣起性空、三法印，只是佛法的大樑，搭出的框架。真正佛法要學的東西還有很多，但是你要蓋一個堅固的房子，首先要打地基，牢固的地基上面再建好框架。怎麼打地基？得修六度。

　　有人問：「老師，沒建立正知見的時候，修六度不是可能入魔嗎？」

　　是的，這是漸修的過程。首先得先知道有六度，先按照我認為的六度去修。原來我在生活中貪欲無限，為了名、色、利，不擇手段的去害人，我先把這個戒除掉。反之，在現實生活中鐵公雞一毛不拔，連一個普通人、正常人都做不到，那我先做到一個正常的、有情有愛有義的人，這都是學佛的根基。

　　先從布施、持戒、忍辱、精進、禪定開始修，這是打地基。對這些的定義、知見，隨著我們越是學佛，越是樹立正知見，就越有更深的瞭解，就更加知道應該怎麼做，這就是在深深的打地基。六度是地基，四聖諦、八正道、緣起性空以及三法印就是框架。在不斷的打地基的過程中，還在上面建框架，框架建起來了再往後學，後面還有很多佛法要教我們的，比如三十七道品。

　　三十七道品就是，房子框架有了，開始分隔房間，每

個房間功能不同，隨著一點點通過我們不斷的修六度以及十度，再去一磚一瓦的充實各種圍牆、間隔房間，這樣一個自性的體系就建立起來了，自性自然就出來了。要學的東西其實很多，佛法可不是按照六祖惠能說得那樣簡單得很，自心常起正見，煩惱塵勞不染著，就見性了，說得很簡單。但是，怎麼行？怎麼修？什麼都不懂的情況下，天天念叨自心常生正見，什麼是正見？就是沒有邪見、沒有偏執。沒有邪見，剩下的就是正見了嗎？才不是那麼回事。

也得學習，佛法三藏十二部，千經萬律，經律論經典浩如煙海。這麼多經典，我們怎麼開始起學呢？必須得有明師、善知識引領著你，才能走入佛法的海洋，然後你在其中乘風破浪，才有可能到達彼岸。六祖惠能就是我們的燈塔，就是我們的善知識。要一層一層深入的學，對教理、教義要一點一點的領會、理解，這就是先從文字般若上得，然後在現實中再不斷的修，觀察外境，反觀自心，感悟自性，後面一點一點才能找到智慧流露、光明現前的感覺。

所以，學佛法就是一個長期熏修的過程，不可能一蹴而就，最忌諱心雜、心亂、心散，不能一門深入；最忌諱遇難就退卻，所謂逆水行舟不進則退，不能精進，一斷永斷，緣一滅再接上可能就是千生萬世之後了。最難的就是

遇到真正的善知識，這是法緣，可不簡單，法緣一斷，也可能永遠都接不上，就怕質疑，就怕退轉，所以這是一個長期熏修的過程。熏修時間長了把各種教義了然於胸，各種修行方法真諦都理解了，每天都潛移默化的熏、修，自有一天心開悟解，由文字般若得到觀照般若，那個時候就能感受到智慧流露的狀態。無數的心開悟解，後面就會大徹大悟，達到證境。

所以真正的佛法絕不是念一句阿彌陀佛，打個坐、入個定、吃個齋、禁個欲，絕不是這樣。其實，一句阿彌陀佛當中包含著所有的佛法，阿彌陀佛是最究竟、最高、最圓滿的方法，要想學會、念好這一句阿彌陀佛，得把佛法所有的正知見都建立起來，各種修行方法都要掌握，可不是只念一句阿彌陀佛就能成就的。

《六祖壇經》總共才十品一萬多字，但是我們到此才講到第二品，就講了這麼多，還僅僅是粗略的講，一兩個字我們就講出了多少內容。看似簡單，但要分解了讓眾生去掌握，一點一點的從文字上得到般若智慧。為什麼叫善知識？六祖惠能是大善知識，這些最基本的概念在他心中了然於胸，他不用去講那麼具體的，如果具體的每一個字都給你分解講解，他這一生都講不完。大善知識的後面又

有小善知識，根據眾生的不同，去解讀大善知識的經典，那就要分解了。

我現在正在做的就是這樣的事情，要把經典當中的這些概念，最基本的教義給分解，形成眾生能接受得了的，能聽明白的碎片，一點一點消化，變成大家自己的東西。這是小善知識要做的事，我現在就在做這樣的事。

「正見」這兩個字，我們要把四聖諦、八正道、緣起性空以及三法印，這個架構講明白。然後四聖諦、八正道、緣起性空以及三法印，又分成三十七道品，還得把這三十七道品再講明白。這兩個字其實就是佛法的大體系框架，不僅僅是框架，房間隔好了，但還沒有砌牆，沒往裏面裝家具。砌牆就是靠實修，只靠講還不行，還得教大家方法去修，只講理，聽得法喜充滿，沒有意義。

理再明白，也是文字般若。僅有文字般若不行，僅靠聽，聽得再明白，也達不到悟境。怎麼能達到悟境？在現實中必須得觀照，由觀照得到的般若才是悟境，才是真正的智慧。聽出來的智慧是理解的智慧，還是不離世間智。所以，佛法的修習，可千萬別小瞧，這裏面包羅萬象，可不簡單。佛法不是一般人學的，不是那些在家裏面的老頭老太太，閒著沒事退休了，就來學學佛法，跟著念念經、

祈祈福、打打坐、吃個齋就是學佛法的。

真正的佛法是小眾、高端、上上根的人學的。是已經具備了世間智、要昇華、要更加圓滿、要深知掌握宇宙真相、要真正掌控自己命運的人，才能來學佛法。所以看一下釋迦摩尼佛祖本身是什麼人？那是太子身出家，國王都不做了，來修習、傳授佛法。釋迦摩尼佛祖那些弟子，多少王子、多少王公大臣，基本上全是貴族，都是完全了知和掌握世間知識的人，在世間的財、名都達到頂峰的人，才來學習佛法。

我現在講佛法，講《六祖壇經》，可不是所有的人都能聽明白，或者都願意聽的，絕大部分人聽《六祖壇經》聽著聽著，兩分鐘就睡著了，因為聽不懂，也不願意聽。但是有一部分人越聽越想聽，越聽越願意聽，越聽越法喜充滿。你看看哪類人喜歡聽，你看看哪類人百聽不厭，反反覆覆的聽，你就知道你是哪一類人，那必是小眾高端上上根的人，有根性、有悟性的人喜歡聽、喜歡修，一聞正法歡欣雀躍，覺都睡不著，廢寢忘食的聽。只有這樣的人才有可能從文字般若修成觀照般若，最後能達到實相般若，能證得大智慧。

在此，通過「正見」兩個字，把框架先給大家列出來，

再往後我們就得把框架大概的講清楚，《六祖壇經》講到這兒越來越落地了，也就開始涉及佛法的根本教義了。當我們把佛法的根本教義，都能領悟、解讀清楚了，再來修六度、十度，深度就不一樣了，再理解的六度也不一樣了，再深入講解，再回頭看六度又會不一樣，這就是修習佛法的過程。

前面的內容，有好多人聽了以後都覺得佛法真好，領悟很多，覺得自己懂了。但是，前面的那些連入門都不算，從這兒才開始，能夠把正見大概理解、了悟，是從意識上了悟，文字上獲得了，就是世間的邏輯分析、推理判斷，能有所掌握了，才可以說摸著點佛法之門，也就是摸著門邊了，還沒進來。

要想進，必須得修觀照，必須有師傳的秘法，教你如何觀照。師傳的秘法不是在公開的場合，向所有的眾生去傳的，講究的就是更深的緣，必是口耳相傳。

先從文字上得般若，再修出觀照般若，就達到了悟境，心開悟解。不斷的這樣修下去，最後才能達到實相般若，證到了，才能達到證境，那個時候你就修成道果，或者是阿羅漢果、聲聞果、緣覺果，或者是菩薩果，最高就是佛果。聲聞果是小乘，緣覺果是中乘，菩薩果是大乘，佛果

是最上乘。

　　本章講解了「正見」，下一章開始詳細解讀四聖諦、八正道、緣起性空和三法印。

第三十章

四聖諦苦為基礎

正知見佛法根本

第一節
佛法根本教義
苦集滅道四聖諦

「若開悟頓教，不執外修，但於自心常起正見，煩惱塵勞常不能染，即是見性。」這句話很經典，應該說在《六祖壇經》裏面是非常重要的，重要在哪裏呢？其實，整部《六祖壇經》就是給我們導向佛法的正途，讓我們用正確的修行方法，樹立正確的知見去修行，這樣才能以最快的速度，走捷徑達到成佛之道果。

怎麼才能真正的走上修行佛法的正路呢？首先樹立正的知見。所有的修行人，學佛的人，想走上菩薩道的人，想得到佛果的人，起修處一定是從正見開始起修。正見樹不起來，邪見遮障，在現實中，身口意就會去造業，就會形成重重的障礙、業障、報障，就是修行路上煩惱根深的源起。

所以，正見是第一位，是真正佛法的起修處。有了正見，後面再有正思維、正語、正業、正命、正精進，最後得到正定，就有了正慧，這樣我們就可以做到摩訶般若波羅蜜，就修成了道果。樹立了正見，我們從理上解的修行

程度，才可能到悟解，再從悟解到證解。見性就是從理解到悟解的過程，見性就是悟解的境界。見了性以後，才有正確的起修，然後才有一個證境，才能得到實相般若。見性需要觀照，修觀照般若才能見性。怎麼去修觀照般若？必是要在正知見的前提下才會有正觀照，才有可能達到明心見性的悟境。

當我們解釋這句話的時候，要把整個佛法的框架都要解釋清楚，在這個框架下，才能真正做到自心常起正見。正見不起，煩惱塵勞不斷。正見怎麼形成？我們現在講正見確立的基礎，就是我們對佛所講的根本教義，要有個最基本的理解。整個佛法的地基是什麼，框架是什麼，我們清楚了，在這上面去裝飾裝修，再去加建，才能形成一個穩固的建築。所以現在講的正見，即是佛法的根本教義。

佛法幾大根本教義，最關鍵的這幾大體系，一大體系是四聖諦，二是八正道，三是緣起性空，四是三法印，這就是佛法根本教義當中的四個框架。

我們現在開始講解四聖諦。四聖諦，又叫四諦，「諦」是真理的意思。講的是有情眾生的生命現象中的四個真理，諦即是真理。四個真理也稱為四個真相，分別是苦、集、滅、道，這四諦、四個真相。

佛祖釋迦摩尼，當在菩提樹下大徹大悟，證得了佛果之後，開講的第一節就是四聖諦。他的一生曾經有三次講四聖諦，三講四聖諦是從不同的角度、不同的層次、不同的深度講解。

　　四聖諦「苦、集、滅、道」可以說是整個佛法建立的基礎，沒有四聖諦就沒有佛法。後面的八正道、緣起性空、三法印都是從四聖諦推演而來的，所以非常重要。

　　首先是苦諦。什麼是苦諦？為什麼是佛法的根源？我們要想學習佛法，就要知道為什麼要學習佛法，學習佛法的目標到底是什麼。大家都在講要超越，但是要超越什麼？就是嚮往更高層次、更高境界。我們現在已經是人道了，那麼我們就要知道，人以上還有沒有其他的道、更好的道呢？人的下面還有沒有不如人的道呢？

　　從佛法當中我們就知道，我們的上面還有天道、聲聞道、緣覺道、菩薩道，最後還有佛道。我們的下面有阿修羅道、畜生道、餓鬼道、地獄道。人居中間，人通過修行、修煉、清淨自我，就能夠昇華到上三道或稱為聖道。

　　如果不知道修煉、貪圖享樂、墮落、暴力、不善業，我們就得墮落到四惡道。生而為人，當我們通過佛法，也就是佛祖給我們講解的四聖道、六凡道（又稱六道），就

知道我們處在哪裏，然後我們怎麼往上去修。

　　處在人道有什麼特性？為什麼要往上去修？如果覺得人道都已經是非常美好了，那就不需要修了。還是因為人道有不究竟的地方，有不圓滿的地方，我們為什麼要修出人道？為什麼要向聖道去修？因為人道是苦樂參半，人道有苦，越是往下苦越重，修羅道比人道還苦，畜生道比修羅道還苦，餓鬼道比畜生道還苦，最苦的就是地獄道，那無間地獄永世不得超生，地獄眾生天天在煎熬，就是苦。

　　四聖道、六凡道，怎麼來劃分？以什麼標準來分？以苦樂來分的話，人道是苦樂參半，或者說事之十有八九是不順心的、有煩惱的，樂少苦多，這就是人道的特點。超越了人道，到了天道，那就是享福報，享福報了也有一些苦，那個時候是樂多苦少。再往上修，到了聲聞道、緣覺道、菩薩道，越往上就越清淨，越清淨我們的喜悅、妙樂就越多，苦就越少，到菩薩道就沒有苦了。這一道一道是以什麼標準來定的？就是以苦樂來定。到了佛道那就是永恆的樂，真正的、完全的能夠找到自我，一種完全清淨的狀態，所以稱常樂我淨，這就是佛道。

　　我們起心動念要修行，首先就得知道，人道是苦多樂少，要先看清楚這個真相，也叫做真諦。佛祖之所以出

家創佛法、研究佛法，從哪裏起心動念開始研究的呢？他當太子的時候出去巡遊，發現皇宮外面的眾生，其實遍地皆苦。最根本的苦，生有生之苦，死有死之苦，病有病之苦，老有老之苦，有很多的苦。他是看到了人間的疾苦，然後再想自己。雖然我身為太子，以後是國王，是人中之王，但是我有沒有苦？他一想到自己也擺脫不了生老病死之苦，即使當國王了，也超越不了。後面又發現，人間之苦可不僅僅是生老病死，各種煩惱、各種煎熬，當國王又怎麼樣？還是一個普通的人，還得受這些苦的煎熬，還是一樣有煩惱，還是一樣苦多樂少。

所以釋迦摩尼佛祖發心，一定要找到斷除苦惱的方法，太子不做了，直接出家去修行。尋找這樣的一條道路，是為誰尋找呢？一是為自己尋找一條解脫之路，解脫苦惱；二是為眾生尋找一條解脫苦惱之道。所以就開始修起了佛法，後面創立了佛法。他找到了，然後用四十九年時間講經說法，把他找到的這一套方法，再教給世人，讓大家也和他一樣得到解脫。

所以，我們要知道真正的佛法就是一套離苦得樂、斷除煩惱苦惱的方法，這就叫佛法。佛法是建立在對世間苦的觀察的基礎上，四聖諦都不離苦，沒有苦就沒有四聖諦。

所以，四聖諦的基礎是苦諦。

我們要給苦下一個定義，簡單的定義就是世間一切的束縛，以及被逼迫的感受，就是苦。苦是一種感受，我們被束縛、被逼迫的感受。所謂被束縛，就是被捆上了，不自由，當然是苦；逼是威脅，使我產生恐懼，這是苦；迫是迫害、傷害，五臟六腑、身體有病，其實都是一種迫害、傷害、毀壞。所有這些合起來就是苦，是一種感受。

我們要知道現實中的苦到底有多少種，也就是人的共性，有情眾生的共性，有多少種苦？佛法總結出來告訴我們，整個的生命過程中有八大苦。除了「生老病死」這四種苦，還有四種，第五種是「愛別離苦」，第六種是「怨憎苦」，第七種是「求不得苦」，第八種是「五蘊苦器」。這就是有情眾生、有情生命的八大苦。

有情生命在世間的種種的際遇與感受其實都是苦。有人覺得不是的，他現在覺得挺舒服。實際上，想想你一天過下來，其實有各種微細的煩惱、妄想，導致的煎熬，也就是焦慮，真正讓你樂的事少之又少。你覺得煩惱、焦慮、煎熬、痛苦的事很多，占多數。稍微想一下，看一下心愛的孩子，馬上焦慮就起來了，千萬別生病了；看了一下漂亮的老婆，剛要高興馬上焦慮就來了，得看住，別讓別人

搶走了，跟別人跑了。

　　其實人生就是這樣，苦多樂少。我們必須得看到這一點，必須要對各種苦、八大苦的感受都有深切的瞭解，我們才能生起離苦之心。否則，我們為什麼要脫離人道，為什麼要昇華呢？為什麼要修到菩薩道，修到佛國呢？因為苦，越往上越樂，我們都是想要離苦得樂，修佛修成菩薩，那是大願，同時也是大貪，沒有大貪哪有大願呢？有了大貪才有大願，有了大願才有大行。

　　佛法難道不是讓我們戒除貪、嗔、癡三毒嗎？要清楚何謂戒除，貪嗔癡本身不是毒，本身是中性的，佛法讓我們戒除貪嗔癡，不是讓我們沒有貪嗔癡，放下可不等於沒有；也不是說貪嗔癡壞，我們要去掉它，不允許有一點貪嗔癡，那就又走向另一個極端了，不是佛法。

　　是我們要把貪嗔癡轉化成戒定慧，不是說沒有貪，而是要把物質向身心的感受轉化。要把生理的刺激、奢靡、享受，把對財、色、名、食、睡這五大欲的大貪之力，轉化成菩薩道，去利益眾生。放下我們對五欲與外六塵的大貪之念，貪之力是要有的，那是我們做一切事情的原動力，只是我們把方向轉了，把向污穢、黑暗、愚癡的方向，轉向如何得正見、得清淨、利益眾生的方向。

我們現在飛速的向著地獄飛奔，那是一股巨大的力量在牽引，這個力量沒有問題，不是錯，我們不能把這個力量給卸除掉，如果力量卸除了，就停在原地了，就動不了了，就直接從有情眾生變成無情眾生，那成不了佛。力量不能卸，而是要使之轉向，我們把向地獄飛奔的方向調個頭，轉向到向菩薩道、向佛道去飛奔。我們還要加大力道，還要加行，還要精進，要更加有大願，然後有大行。本身這不是貪嗎？是，我們還加重了這個貪。

　　貪是力、嗔是力、癡也是力，貪嗔癡都是力量，因為有了這種原始的力量，我才有可能功成名就、成就道果。連力量都沒有，什麼都貪不了，沒有最根本的貪嗔癡的力量，那正常人都做不好，想做一個正常人中成功的人都做不到，還何談要成菩薩、成佛。

　　要清楚我們為什麼要把世間之苦看透？為什麼要知道苦的真相？因為我知道苦的真相以後，知道人生原來是這麼苦的，就不會被眼前的香車、美女、別墅、豪宅、旅遊、美食這些所牽引，這些所得的樂都是暫時的，樂後都是悲，樂極一定是生悲。

　　樂少苦多，當我知道了，我不屏蔽，不逃避人生的苦。知道人是苦的，雖然在別墅裏面住著，有財，也有美女帥

哥陪著，也有名聲，有人恭敬著我，每天吃得特別好，睡特別好，但是我不以此為樂，我知道現實的物質生活再好，也防止不了我生來就有的生老病死之苦、愛離別苦、怨憎苦、求不得苦和五蘊苦器，我離不了這些苦。住著豪宅，吃著最美味的食物，也離不了人間八苦。

即使是帝王又怎麼樣？每個帝王也都有人間八苦，當了人間帝王之後，都一定去求長生不老之藥。為什麼？他也怕死。哪個帝王不得把世間最好的醫生放在自己身邊，隨時為自己準備著，因為他怕病。哪個帝王不得去求那仙丹，因為他怕老。他想不老、不死、不病，可能嗎？世間從有人一直到現在，哪個人得到了長生不老之藥？但是所有的這些有錢人、富貴的人都在求長生不老之藥，為什麼？因為他苦。

世間的享樂再多，也怕生老病死，也得有愛離別，最喜歡的人有可能夭折，早早的離他而去，即使是帝王，也阻擋不了這種事，也會悲痛。權力再大的帝王，也得有怨和憎，也有不喜歡、怨恨、憎惡或者厭惡的人或者事，那也是苦。甚至權力越大，怨和憎之心就越強。

也有求不得，長生不老藥就求不得，無法使自己不病、不老、不死，難道這不是苦嗎？既然有五蘊之身，就得受

五蘊的感受之苦。哪個帝王的身體不是由色、受、想、行、識這五蘊構成的？只要有五蘊的構成，色相就有敗的一天。他心裏有感受，不僅感受到了樂，同時更能感受到苦，感受苦的那種劇烈刺激，比樂的感覺要強烈得多，這就是五蘊的苦器。人就是一個裝五蘊苦的器皿，誰能改變？帝王也改變不了，你有萬億身家也改變不了這些。

所以釋迦摩尼佛祖把人生已經看透了，要追求的不是世間的帝王，追求的是真正去除人間八苦，是斷除這人間八苦。他不斷的格苦之物，究其理，到底苦是怎麼產生的，最根本的根源是什麼，為什麼有這麼多的苦，苦從哪裏來，樂從哪裏得。

所以，佛法是思維修，從觀察、亦即是觀照中來，和儒學的格物是一回事，是一個理，是一個源起。佛祖就是在格物，格苦之物，儒學也是在格物。佛法把苦給格透了，究其理找到了最本質的真相，知道了苦諦，即是苦的真相。然後知道了原因，是什麼造成的苦，這就是集。

第二聖諦是集諦，意思就是集合了所有導致我苦惱原因的真相、真理。

第三聖諦是道諦。苦惱是果，果是由因而發，當我找到了原因之後，用什麼方法來破除、能夠阻斷苦惱之因，

不得苦惱之果。這個方法就是道諦。

　　第四聖諦是滅諦。知道苦的原因，又有了方法，知道
怎麼滅除這個原因，最後就能得到滅諦。滅諦就是苦是可
以消滅的，苦是可以斷除的，苦是可以是不產生出來的。

　　所以這就是「苦集滅道」，其實從順序來講，應該是
「集苦道滅」，「集」是苦之因，「苦」是苦之果，「道」
是滅除苦的方法，「滅」是苦被滅掉、消失了。這就是四
聖諦，是佛法的根基，也是佛法最根本的教義。

第二節

格物人生八大苦
生老皆苦觀真相

如何樹立正知見？首先要從佛法對人生的開悟，對人生的觀察，形成了根本的教義。佛法對人生，是對苦的觀察，首先我們得透徹的瞭解人生到底苦不苦，怎麼苦法。所以佛祖告訴我們人生八大苦，我們得一個一個講一下。

現在講的四聖諦、八正道，緣起性空和三法印，包括後面的三十七道品，這些都是佛法最根本、最基本的概念。要想把《六祖壇經》修好，這些最基本的佛法教義，最基本的概念，必須得透徹的瞭解，所有的修行都是建立在這些基礎上的。

不是念個佛、打個坐就是在修佛法，這些基本的教義、基本的道理都不懂，這些真相、真理都不懂，就不是修佛法，差之甚遠。現在我在這裏講的全都是最基本的。那麼我們現在來講八苦。

生有生苦。生苦，即有情的眾生，在世間母親的子宮裏孕育、成熟、誕生、分娩的過程，那不是一種苦嗎？尤其是分娩出生的一瞬間，有子宮的擠壓，腦袋身體都變形

了，經過拉扯，剛一生出來的時候，突然一下皮膚接觸了空氣，那是一種什麼痛苦？皮膚以前都在母親的子宮羊水裏，溫暖的浸泡著，一下碰到了空氣，接生的醫生、護士的手抓著胳膊和腿往外拉的時候，那是多麼的痛苦。每個人生出來的人都是哇哇大哭，為何沒有笑著出來的？一生出來就是苦，大叫著「苦啊、苦啊！」生出來的，不是這樣的嗎？

任何生物不都是嗎？生死之間，生的一瞬間就註定了你的死，註定你這一生都是苦多樂少。你不管生在哪裡，生在皇家又怎麼樣？皇太子生出來不哭嗎？他是笑著出來的嗎？我們都說皇家這些人都是含著金湯匙出生的，那只是比喻，誰是沒有苦的呢？只是我們長大以後忘了剛出生的時候那種恐懼多麼巨大。所以我們剛出生、剛來到世間的時候，必須得有媽媽抱著、陪伴著、撫摸著，心才能稍微安一安。

結果現在的醫院，孩子一出生，首先是離開媽媽。從母體中剛生出來之後，洗乾淨馬上就抱到育嬰房裏，孩子無助的看著天花板，遠離了媽媽，多麼的痛苦和恐懼。我們想像一下，剛來到一個陌生的世界就離開了媽媽，這是一種多麼痛的苦，所以生有生之苦。這是剛分娩出生時的苦。

哪有剛出生是樂呵呵生出來的？沒有。再高貴的人都是生之為苦，一生下來就是苦。這是很正常的一種狀態，所以說到生之苦，大家就很容易理解。出生時是挺苦的，通常我們都忘了，但忘了並不代表沒有。

佛法來講，生苦有五種象，即現象。佛法都是總結，想觀察任何東西都是格其物，不像我們想得很簡單。都要先總結，然後知道真相，樹立正知見，才能去對治。這就是佛法的思維修，深度的思維，形成的這一整套方法，所以佛法中對生之苦列了五種現象，即是五種狀態。

第一，眾苦所隨。意思是，人生出來以後，這一生都伴隨著各種的苦惱痛苦，沒間斷過，這就是眾苦所隨，只要一生出來就註定了，這是一種現象。

第二，苦受所隨。即是苦的輕重所隨，有大苦惱、大煩惱，也有輕的。但是不管是輕還是重，都是一種感受，這種感受伴你一生，首先第一個是眾苦所隨，第二個是苦的輕重叫做苦受所隨，這種痛苦的感受是伴隨著你的一生而來的。

第三，眾苦所依。你的這個生命就是眾苦所依，因為你有身心，所以就圍繞著你的身心，所有的苦依賴產生的根源都在這裏，叫做眾苦所依。

第四，煩惱所依。煩惱是指輕的痛苦。因為你有五蘊，身心能感受，所以你這一生大的痛苦跟隨著你，在你的身心上發生。小的痛苦叫做煩惱，也跟你一輩子。

　　第五，不隨所欲離別。佛法的好多專用名詞，都是我們世間基本上不太用的。不隨所欲離別，就是求不得。當我求不得的時候，是產生苦的，想離開這種苦卻離不開。不隨所欲，意即不是你想就能得到的，不是你想要就能有的，你想要可能還有離有別，想要也要不著。

　　為什麼會有這些苦，八苦是怎麼來的？我們講集諦的時候就會講，因為那是苦之因，苦是你生生世世所造諸惡業、不善業，苦是現實的果報，一定得有個因。什麼是不善業？我們在講集諦的時候會詳細講，苦是怎麼造的。然後才會講，到底怎麼滅除造苦之因，即是這些修行方法。為什麼要修行？為什麼要修善業？為什麼要布施、持戒、忍辱？為什麼要打坐、念佛？這都是道諦，這些所有的佛法的修行方法，都是針對著滅苦之因來的。

　　為什麼要得定，如果連這都不知道，直接修佛法，直接上來就是拜觀音菩薩、拜阿彌陀佛、拜上帝，就是念咒、打坐。如果為什麼做這些都不清楚的話，就是盲修瞎練。為什麼？所有的這些修行的方法，都是苦集滅道的其中一

個真相。都在其中，所有正確的修行方法，都是道諦。道諦之所以產生，就是為了對治產生苦的根源、原因，才有了滅除苦之因的方法。最後得到大的果，即是苦被滅了，就是滅諦。

我們現在瞭解，人有生之苦，有個印象就可以，也不需要去太深的瞭解。就知道生就是苦，人生下來首先就是苦。然後你的一生，從你生下來開始，一直到死，苦就沒斷過，即「眾苦所隨」沒斷過。我對苦有輕重的感受，因為我有身心在，苦因為我這個身心而產生，都是與身心相關的。煩惱也是與身心相關的，願望達不到，總想離苦得樂，卻得不到永恆的樂，那不也是苦嗎？即不隨所欲離別。現實中離別就是一種苦，有多麼的苦，有的人因為離別而自殺，都不想活了，是不是一種苦？

生來五種苦。佛法把這些都觀察得很細微，這就是格物。我們就跟佛祖學習，樹立我們的正知見。這都是佛法的根本教義，必須得清楚。

我們再說「老」。所謂生老病死，誰沒有老呢？生下來了，發展到一定程度，一定是有成住敗空。剛生下來的時候是成；一點一點發展，發展成青壯年，那時候身體最棒、最壯，就是住；等到後面，人哪有不老的，所以老是

一種苦，老有老之苦。誰不怕老，誰不擔心老，誰不喜歡年輕、強壯？老了色就衰了，力就竭了，生理的機能都要衰敗了，這就是敗，馬上面臨的就是死。不害怕嗎？不是苦嗎？年輕的時候不會想，年齡大了，自然而然容貌等等，也就是五蘊，從身體色相一直到心裏感受就都有變化。

老之苦，指的就是我們的色身，在世間已經開始向敗壞、破散轉變，成住敗空已經到了敗象。其實老苦也有五種現象，叫做老苦五象，剛才講的是生苦五象，這都是佛法給我們總結出來的。

老苦五象用術語來講：

第一，是盛色。盛是極頂、旺盛的意思，色是色相。盛色的意思就是我的相貌、色身已經到了最旺的頂點。這難道是苦嗎？當然是苦了。色身已經達到了最頂，就是最佳的狀態。最佳狀態達到了以後，物極必反，最佳的狀態過去了就是衰敗。我們的身體色相開始衰敗了，這是老苦，是第一個苦，叫做盛色。

第二，是力衰。力衰即力氣衰敗，力氣開始虛弱了，做什麼事情開始變得緩慢、費勁、吃力了。這都是老象呈現了，這是不是苦？50歲以後走路也慢了，不像以前都是健步如飛，因為沒力氣了，氣衰了。真正苦從哪來，不是

比較出來的嗎？以前我在頂峰的時候，二三十歲的時候，身體各個方面感覺都很健康、都很好，50歲以後再看看，會不會力衰。

第三，六根衰敗。六根即是，眼、耳、鼻、舌、身、意。眼睛看不清了，耳朵聽不清楚了，沒有年輕的時候那麼敏銳了，都開始散了、敗了，這不是苦嗎？

第四，受用境界衰敗。受用即身心的感受，開始遲鈍了。以前是物質和精神上享受、享樂，各方面的功能都很強大，可以極盡享樂。但是年齡大了以後，老了以後，受用的功能衰敗了，這是一種苦。

第五，壽量不存。歲數快到了。由於諸多的衰敗，讓你意識到色身在世間的壽命不長了。苦不苦？年輕的時候根本不想自己會有老的那一天，會有死的那一天。但是當你色衰了、力衰了、六根衰了、受用都衰了，你是不是覺得人生快差不多了？

這些是老苦五象。佛法給我們總結出來的，是不是這個道理？平時這些我們不想，因為我們的注意力不在這上面，我們從來不知道格物，就知道每天早上睡到自然醒，工作的時候該搞項目就搞項目，該研究就研究，以為我們好像看透了世間，在積累經驗，好像我們對事物和人情越

來越通達、練達。其實不然，我們如果連世間最基本的真相都不瞭解，都不掌握，都勘不出來，都不能去窮其理，怎麼能看透一個人？我們怎麼能看透一個項目？我們怎麼能看透一段感情？

所以，在世間就是迷，一直在迷著。為什麼迷著呢？因為什麼都看不透。為什麼看不透？因為對基本的概念從來都沒格過物，從來沒像佛法這樣去觀照過，從來沒有用自己的正思維深入去思維過，從來沒做過這些。所有的聖人都是從格物中來的，格世間基本的理的真相，即窮其理。聖人們是把心思、功夫都用在這上面。而我們普通的人、凡人、迷人，都把所有的注意點，所有的思維力，所有的分析力都用在世間的財、色、名、食、睡上面。所以，這就是你為什麼成不了聖人，為什麼是迷人？

我們為什麼要學佛法？現在我們就知道，因為我們有苦，生有生之苦，老有老之苦。所以我越是這樣覺得世間苦，越是勘得透，越能激發出我離苦得樂的離厭心。離什麼？離苦。厭什麼？厭世。厭什麼世呢？厭五濁惡世，我不想成人了，人太苦了，世間太苦了，這就叫厭世。

有人問：「老師，那厭世不就是自殺了嗎？」

不是的。自殺就直接落入到三惡道，直接落入到地獄，

那不更苦嗎？你以為自殺了，就能緩解你的苦？因為在人間特別的苦，所以你自殺了，離開人間了。離開人間之後，你的怨氣、惡氣、委屈，你那種憤怒，能放下嗎？放不下直接給你拉下地獄，更出不來了，比人間還苦百倍、千倍、萬倍、億倍。那就不是方法。

當你意識到世間之苦只有一種方法，即修行佛法，才能脫離世間之苦，才能離苦得樂，才能脫離人世。只有這一種方法，沒有別的方法。「自心常起正見」是佛的根本教義，是正見的一部分，是正見的基礎。必須得深切的熟知這些根本教義，才真的有可能樹起正見，正見樹立了才能不被煩惱塵勞所執著、所沾染，才能見性。

你以為打個坐、念個佛就能見性嗎？想得太簡單了，可不是那麼簡單。為什麼要打坐，為什麼要見性，清楚不清楚？

好多世人打坐、念佛，問他為什麼？他們很明確的告訴你，「我要發財，我要轉變命運，我想要孩子，我想長壽，我要讓自己更幸福。」

學佛是為了這個，知見就不正了。願力都不正，為什麼學佛都不清楚，為了發財學佛，發財和學佛有什麼關係呢？學佛怎麼能讓你發財呢？所以好多人學佛學著學著就

退轉了，為什麼？學好多年了也沒發財，結果破財了，一進佛教團體都告訴他布施，不斷的布施，有捨才有得，結果把以前掙的那點錢全都捨出去了，完了就想我捨了是不是該得了，結果和尚、大德們告訴他，你一定會得，但是不一定是這輩子，有可能是下輩子或者後面幾輩子才能得，你現在是種善因、福報之因。

於是你就開始盼著，到後面沒信心了，「我還等下輩子，這一生我把我現實中的錢都捨出去了，我下輩子能不能得到誰知道？」你就開始退失。如此，你就把學佛當成了發財的工具，當成教你發財的方法，這不究竟，這是邪見。

但是，學佛能不能讓我們發財呢？當然了，它有很多讓你發財的法門，即是方便法。方便法可不是究竟法，不排斥學佛了以後能讓你發財，能讓你幸福、長壽、平安、健康，都不排斥。但是，它可不僅僅是為了這個，佛祖才給我們宣講佛法，這個是方便接引法。真的入了佛道了以後，才知道你真正學佛想要的是什麼。

真正的想要的是離苦得樂。你現在就覺著沒有巨大的財富，你是痛苦的。因為也沒有好房子住，也沒有美女帥哥陪，也沒有地位，想吃鮑魚龍蝦吃不起，想去旅遊也沒

錢，所以你痛苦，就想著學佛法了以後就能有錢了，然後就幸福了。其實你就會發現，有越來越多的錢，你的痛苦一點都沒減輕，反而會加重。

為了保護這些錢，為了這些錢不被別人搶走、不被別人謀走，你更加的煩惱，徒增了很多的煩惱和痛苦。就是真的掙了錢，如果不能走到佛法正道，錢也解除不了你的煩惱和痛苦。真正找到一個美女肯嫁給你、帥哥願陪著你，也是一樣，帥哥和美女同樣會給你帶來煩惱和痛苦，這都是不究竟。所以，佛法教我們的就是真正究竟圓滿的解脫痛苦的方法、解脫煩惱的方法。我們想學佛法，其實是要學這個。

所謂世間真正的大神通，佛祖有沒有神通？修行人有沒有神通？修行人有大神通，學習佛法的人都具備大神通。當然，是正確的學習佛法的人，都具備大神通。什麼是真正的神通？現實中有很多大師、特異功能者都表演各種神通，有的表演穿牆術，有的表演隔空取物，有的表演生成靈丹妙藥，有的表演水變成酒，有的表演勺子彎了，有的表演抓蛇，這些都是世間特異功能。這些人不能稱之為修行人，這些神通不叫神通，佛法是不講究這些的。修佛的人不可以搞這些，這些都是外道。

所有表演的這些神通特異功能，是為了吸引人，我們稱之為江湖術士的江湖雜耍。是為了博人眼球，用怪、力、亂、神打破物理的規則，然後建立信任，進而騙財、騙色。為什麼這麼說？那種神通即使不是魔術，即使真的練出了那種神通，也是外道之神通，叫小神通。

　　為什麼佛法中禁止修佛的人運用這些神通？即使有，也絕對不能顯示於世人。因為這些只會把信徒帶向深淵，不會把他帶上正途。這些是吸引人，吸引人以後把人帶向運用這些神通利己，更加得到財、色、名、食、睡，是把這些當成一種滿足自己的五欲、貪嗔癡慢疑的工具。

　　好像掌握這種神通了，想要錢就可以從銀行搬來一個億，就可以直接用。當然這是不存在的，這些都是魔術。如果有，也絕不能這麼用，這會讓你陷入無盡的貪欲，會將我們導向魔的境地，把我們直接帶下地獄。所以佛法不允許我們在小神通上、有漏神通上去練、去顯示、去呈現。

　　所有顯示這種有漏小神通的，都是魔，都是外道。說外道其實都是說高了，都是魔。那麼修佛的人有沒有大神通呢？修佛的人，真正修行的人都有神通，而且都有大神通，不是那些小神通，而是無漏神通。

　　何謂無漏神通？真正最大的神通，是能使受苦的眾

生、煎熬的眾生離苦得樂，這才是大神通。煩惱根深，業障深重，在現實中各種的命運不順、不幸，各種的痛苦煎熬，真正修佛的人、修佛法的人見到以後，就能夠引領他們心開悟解，就能夠引領他們改變自己的內心，從而他們的命運就被改變了，就順了。業障就被破除了，煩惱就會消失了，這才是大神通，這就是無漏神通。

所有的走到正法、正路上的修行人，都具備這樣的大神通。這種神通表現在，能夠轉變世界上最堅硬的東西。這種神通彎的不是現實中的鋼勺，一個鋼勺太容易彎了，現實中機械的力量能把一座山劈開，把最堅硬的石頭都粉碎變成水泥。可是我們要知道現實中鋼勺不是最堅硬的，石頭不是最堅硬的，什麼是最堅硬的？就是我們的心。

剛強不化的心是最堅硬的、最難改變的，最難讓心融通，最難讓心軟下來。真正掌握佛法的人，真正的大修行人，能讓那世間最堅硬的人心軟化，讓心改變，這難道不是大神通嗎？這才是真正的佛法。

最痛苦的是抑鬱症的患者，甚至都想自殺，不想活了，對什麼都百無聊賴、沒有興趣，生無可戀，自殺率最高。我們是學佛法、修佛法的人，通過一或兩次，有形或者無形中的療癒，就能把他的抑鬱症瞬間調理好，這才稱為是

大神通，這種神通叫做無漏神通。

　　無漏神通就是能夠使眾生離苦得樂的神通，就是菩薩道、菩薩境界掌握的神通，所以才稱為無漏神通，才是大神通。眾生很苦，我們有很多方法，即是道諦，針對導致他痛苦的原因去對治。我們帶著他去做，把痛苦的原因消除了，這個苦就滅了，苦滅了就得安樂了。人從痛苦當中得安樂了，就見證了這種大神奇，他就會心生嚮往，我們就會引領著他走向佛道。於是，他自己是得度的眾生，他學了這一套方法以後，再去度化別人，去解除別人的痛苦，又能引領其他的眾生走向佛道，都成菩薩行、菩薩道，這是一條正路。

　　所以，修佛的人展現神通，只可以展示這種無漏神通，即是要使世人離苦得樂的大神通。其他的小神通不可以在世人面前去展示，即使有也絕不可以露，也絕不可以展示。你不要以為驚世駭俗，博取眾人的眼球，有知名度、成名了、成大師了，你就成功了，你千萬不要這麼以為，否則後面會死得很慘。看看那些天天展示所謂的神通的人，其實都是魔術，最後死得多慘，哪有一個有好下場的。再看看他們的子孫都是什麼下場。這樣的路可不是我們學佛的人應該走的路。

那我們學佛到底應該從哪裏開始學起？就是我們現在要講的，如何樹立正見，「但於自心常起正見」。樹立正見的基礎是我們要通達佛法的根本教義，要知道我們為什麼學佛？我們學佛掌握的這些方法是做什麼的？把這些都理清楚了以後，再學就知道怎麼學了，就有方向了，就不會迷茫，就不是盲修瞎練，否則的話起步即是錯。

師父教你打坐你就開始打坐，教你念佛你就開始念佛，教你念大悲咒你就開始念大悲咒，教你一個方法你就用一個方法，有無窮無盡的方法要學，無窮無盡的理要去理解掌握，如果不把最根本的教義給你講清楚，那麼多的理論你要學哪個呢？哪個是正的？哪個是邪的？哪個是對的？哪個是錯的？根本就無從分辨。

我們學習，看似是學《六祖壇經》最高的智慧，天天念《金剛經》，你也得不到什麼。為什麼？因為他們太高了，就是遙遠的月亮，你哪能搆得著呢？我們必須仰望著星空，同時要腳踏著大地，這些佛法的最根本的教義，就是我們腳踏的大地，大地越來越夯實、越來越堅實、越來越高，一點一點的把我托起來，然後我就離月亮越來越近，是大地把我托起來去接近月亮，到後面和月亮合體合一，我才真正能夠達到天人合一的境界。

不是我自己飛起來了，不是我腳離開了大地，我就直接飛向月亮。必須得有大地堅實的基礎，大地才能一步一步的托著你走向月亮。大地是什麼？就是這些佛法的基本的教義，掌握得越深透，在學習這套佛法、在圓滿的這條路上，就會走得越堅實、越平坦，否則就走向了歧路，有可能就落入深淵、陷阱，永世不得翻身，慧命就毀了，那就麻煩了。所以我們講「寧可千世不悟，不可一世成魔」。

觀病苦之因
對治得解脫

我們要想學習佛法的基本教義，就一定要從四聖諦開始學起，四聖諦裏面最重要的就是苦，我們先把苦學明白，再學苦是怎麼來的。知道苦是怎麼來的以後，再學用方法把苦之因一點一點修掉、對治，後面我們終於得到苦被消滅了，這就是「集苦道滅」。只是我們習慣稱「苦集滅道」，其實應該是「集苦道滅」，這四個程度全都是圍繞著苦來的。

生老病死之苦，現在說一下病苦。佛法上來講，病苦有三類：身病、心病和真病。

第一類身病主要指，我們身體是由四大因素構成，即是因緣和合而成，四大就是地、水、火、風。身體怎麼會得病？就是這四大不協調、不平衡了，就會導致身體得病。如果按照宇宙的法則來講，四大相互作用、相互依賴、相互影響、相互支持、相互滲透，彼此融攝，即是你中有我，我中有你，又彼此滯礙，又彼此制約。由於四大的相互依賴、影響、支持、滲透，彼此融攝、滯礙、制約，如果達

到一種平衡的狀態，我們的身體就不會得病，就會很舒服；一旦四大失調了，我們的色身就會生病。病就有四種，即地、水、火、風四大類病。

何謂失調、不調？何謂不平衡？有太盛、有太衰，出現了獨盛、獨衰、獨盈、獨虛這樣的現象。比如，地這個因素如果太強大了，其他的三項就衰了，這就是獨盛三衰，或者獨衰三盛，都屬於不調。因為都是相互制約、相互影響的關係，一個太盛了，其他的就會衰；一個太旺了，其他的就會虛。按照佛法來講，身病四大類，地、水、火、風四大調整好了，身體的病自動就會消失了。四大不調是身體得病的根源。

這跟中醫有沒有關係呢？儒家、道家這些中華文化是怎麼講病的？我們稱為陰陽不調、五行生克無度，我們的身體才會得病。五行和佛法的四大說的是不是一回事呢？從中華的智慧來講，身體是由什麼構成的？身體是怎麼來的呢？無極生太極、太極生兩儀、兩儀生四象、四象生八卦，然後是六十四卦，是這樣的。任何的物體，包括人，都是從這個順序來的。

兩儀即陰陽，陰陽生出四象，四象就是木、火、風、水，也就是佛法講的地、水、火、風四大，地對應木，都

是升發之力；水對應著水；火對應著火；風對應著風。四大對應的就是道家、儒家的四象。四象如果不調，身體就得病。四象是相互生克的關係，其實也就是相互影響、相互滲透、相互作用又相互制約的關係，是一個道理。佛法和道家以及儒家，說的都是一回事，對治也是用一樣的方法，都是一，就沒有二。

真正的中醫不治病，是不會針對某個病去治療的。真正的中醫，不管什麼人來了，就看你的五行調與不調，四象合與不合，得任何的疾病，一定會呈現在你的四象五行上面，只需要把四象調和了、五行協調了、生克有度了，陰陽自然就平衡了，陰陽一旦平衡了，什麼病都好了，這是我們真正的中醫。中醫是不對症治病的，不管有什麼症狀，中醫就是全科，其實就做一件事，調陰陽、四象和五行。佛法也是一樣，都是一回事。

身體的病是怎麼造成的呢？佛法告訴我們，身體為什麼會有病痛、有先天疾病？有的人一生出來就有先天的疾病，有的疾病基因裏就帶著，比如得癌症的高風險基因、胃炎疾病基因等很多病都是基因裏帶的。那這些病是四大怎麼不調了？身體的病究竟是怎麼得的呢？

從佛法上來講，病的根源是什麼？是因為我們往昔所

造的業，導致形成了因緣果報。往昔可以指前世，前世帶來的業，就形成我們先天的病。有的人先天生下來就有病，然後在基因裏給我們種下一些種子，在後世的成長過程中，一旦因緣聚合，種子就發芽，病就來了。所以這是前世所造的業，導致了因緣果報，形成了現在的病。

那麼，我這一世有沒有因果？能不能造業得現報？能。比如我們不注意作息時間，天天睡得特別晚，黑白顛倒，我們的生理機能就容易紊亂，就會導致各種疾病的發生；我不定時吃飯，我的胃就有可能生病；抽菸喝酒，天天大魚、大肉、大油，血脂、血糖就要高，這也是現世的因，也能導致現世的果。也是我們身體生病的因果關係的作用。

如果我們的四大不調，那怎麼能調？佛法怎麼治病？病是一種苦，怎麼能把病苦給消除掉呢？知道病苦之因了，怎麼去對治呢？這就是道諦，道諦就是方法。先知道因，因帶來苦的果，然後再有方法，就能對治，就離苦得樂了。

病苦是果，集諦是因，道諦是方法，通過不斷的修煉，最後達到滅諦，消除了苦，離苦得樂。這就是四聖諦。

什麼是度化眾生、救度眾生呢？就是要把眾生從苦中拉出來，讓他們得樂。從地獄拉入天堂，好像有一個菩薩把一個人從地獄烈火中拉出來，送到天堂去享福了，其實

意思是把他從苦中拉出來了，讓他得清涼、得安寧、得安樂。

佛法中對病的闡述也很多。有的佛專門是針對病的，比如藥師佛。很多度化眾生的菩薩，都是針對病的。比如，千手千眼觀世音菩薩，大悲咒是做什麼的？在經書裏很明確的講，對治世間八萬四千種病。大悲咒怎麼能治病呢？當我們知道了病的三種形態，身病、心病和真病。我們知道身病、心病和真病的原因，就知道怎麼用大悲咒去對治這三種病，這是層層的邏輯，佛法是有大邏輯的，不是小邏輯。所以現在我們要一層一層的深入瞭解苦，知道是什麼原因得來的，然後再想辦法去對治，這就是佛法。

我們講病時，佛法當中為我們揭示病的五種相，即五種相貌，我們叫做現象病。

第一，色身變壞。比如我的五臟六腑、我的皮膚、我的身體，這個層面變壞，這是最表相的，即所謂色身變壞。

第二，持續不退。由於色身變壞會導致病苦持續不退，比如，突然受傷了疼痛，就是色身變壞了，色身壞了這是一種病苦。然後不斷的疼痛、麻癢等，引發了持續不退，這是第二種。

第三，可意境不受用。由於我生病了，對我喜愛的事

不受用，術語上講就稱為對可意境不受用。用白話來說就是，我生病了以後，對我喜歡的、我感興趣的東西不受用。比如，生病了沒有胃口，本來特別喜歡吃螃蟹、鮑魚，生病以後沒有胃口了，這也是一種苦，看著別人吃吃喝喝，平時我最喜歡吃，但我沒有胃口，吃不進去；或者在病床上插著管子，看著別人吃，我沒法吃，這是一種苦；看著別人抱著美女又親又熱，我躺在病床上，只能看著，這是一種苦。

第四，不可意境受用。第四種病苦的相貌，這種受用就叫做強迫受用，意思就是，我不想要的事，我害怕，也得在我身上強迫受用。比如扎針，我有病了，必須打針，多痛也沒辦法，也得受著；要開刀手術，誰不害怕，也得受著；插管也得受著；有人願意吃藥嗎，不願意也得吃，反而喜歡的那點事什麼也做不了。所以得病的人就不由自主了，進了醫院就得聽醫生的了，醫生想怎麼整就怎麼整。這都是屬於病苦的一類。

第五，對生命死亡的恐懼。這是最後一種，會不恐懼嗎？一得病首先想到的就是，「我可別死了」。沒得病時為何不想？這一想到我得病了以後要死，一聯想一下就煩惱痛苦了。比如，直接告訴你，已經癌症中期了，你還能

活半年，你立馬就崩潰了，本來還好好的，一旦得到這個結論立馬就崩潰了。那種痛苦、煎熬、睡不著覺，各種的痛苦、煩惱就引發了，想的事就多了，「只能活半年了，還能幹什麼？億萬的身家還沒花完，怎麼花啊？來得及嗎？就能活半年了。」這都是苦。

所以這就是病苦的五大相貌，也叫現象。

第二類心病。什麼是心病？心病是怎麼造成的？心病是由於我們貪求五欲，由於心對欲望的貪求過度，而導致了四大的不合、不平衡。我們的身體由於心有病了，就是欲望沒控制好、不平衡了、執著了，貪戀、貪圖過度了，才導致我們四大的不合，最後有了心病。心病最後還是呈現在色身上，呈現的還是那五大相貌。

第三類真病。什麼是真病？真對應的是邪、是假。真病意思就是邪知邪見引發的疾病，真病我們也統稱為思想病，思想病是由於邪見而引發的。邪見怎麼還能引發色身上有病呢？思想病就是想出來的病。何謂想出來的？就是觀念。給我們種下了某種觀念，比如遺傳病，就是典型的真病，稱為思想病，在你意識、甚至潛意識深處，深深種下了：「我爺爺是高血壓，我爸爸是高血壓，在我這裏必須得高血壓，遺傳嘛！」這就是思想病。

還有一種，就是我們中國人坐月子，生了小孩之後，產婦可千萬不能受風，一個月內一旦受風，馬上腿就得痛。這個很奇怪，坐月子是 30 天，這 30 天都是計算好的，不能出門，快遞來了開門都得把腿和關節保護得好好的，一旦保護不好，外面的風吹進來，就得關節炎了，走不動路了。但是 30 天一過，到第 31 天，怎麼出門都沒問題。一天前一點風都不能碰，一天後狂風暴雨都沒事。

　　但是國外就不講究坐月子，生完孩子以後幾天就下地跑了，該吹風吹風，該吃冰淇淋就吃冰淇淋。中國人可不行，中國人稱為月子病。難道中國人就是需要坐月子嗎？不是。這典型的就是思想病，是邪見引發的，因為你的見解、你的認同，你認同什麼，你的世界就是什麼。一旦我認為我坐月子時吹風了，腿就真的不行了，是真疼，色身上真有病了。然後，怎麼治呢？再生一個，再生第二個孩子坐月子的時候千萬別受風，然後就好了。必須得再生一個，保護得好好的，之後真就不疼了。

　　這一類就叫做真病。真其實對應的是知見，真對應假，真知見即正知見，對應假知見即邪見，邪見引發的這種病，又叫做思想病，都會導致色身出現這五種病的相貌。

　　我們在此仔細的講一下苦。為什麼講這麼細？我們學

佛法，學任何東西，都得深究其理。既然在講根本的教義，如果不講得細一點，一切都是含糊、模糊的，一說苦是覺得挺苦，知道什麼是苦嗎？到底苦有多少種？現在的苦是哪一類啊？分門別類以後，真的參透以後，每一種苦是什麼樣貌都知道了，然後我們再往細處參，它是怎麼產生的？集諦就是苦的因到底有多少種，對治這些因，才能產生多少種方法，這是道諦。

佛開八萬四千種法門，就是對治人間的八萬四千種煩惱，煩惱就是苦。你不能只是說一下，知道原來佛開八萬四千種法門，就是對世間的八萬四千種煩惱，然後就完了！那可不行，那不是學佛。我們得一一對應，我們得知道世間到底有哪八萬四千種煩惱，然後佛開八萬四千種法門，針對八萬四千種煩惱中每一種煩惱是怎麼針對的？因為，這八萬四千種煩惱分散在眾生當中，我們是要救度眾生的，不把這八萬四千種煩惱瞭解清楚，就不能把八萬四千種對治的方法使用清楚。當眾生有一個、兩個或者五個、十個煩惱出現的時候，怎麼對治？

不能說什麼煩惱都是一句阿彌陀佛、一段大悲咒全都對治了，那不對的，太籠統、太不專業了！所以現在我們只是學框架，越往後學越細。佛法是一整套大的體系，是

一整套離苦得樂的大體系，我們得一點一點去修習，一點一點的真正學好，這樣我們真的才能找到感覺，才知道我們學的是什麼，才能有個抓手，就是所謂我是站在大地上的踏實。

學得越細越踏實，這是一門解脫生死的大技能、大學問。不然，天天讀《六祖壇經》，能讀明白什麼？天天講自性本自清淨、本自具足，現在為什麼什麼都不是、什麼都沒有呢？幸福怎麼沒有？健康怎麼沒有？財富怎麼都沒有呢？我們都追求最高的境界，但是修的時候一定要從最低處起修。所以講《六祖壇經》是最難的，就是因為它是最全面的、是最整體的。

一部《六祖壇經》講下來，整個佛法全講一遍，三藏十二部全在這裏，千經萬律，包括大德之論、經律論全在其中，可了不得。講一部《六祖壇經》就是在講整部佛法。能把一部《六祖壇經》勘透了，整部佛法不管什麼法門，唯識宗、密宗、淨土宗、華嚴宗，無論什麼宗什麼法，全在這裏面了。一部《六祖壇經》通了，就是一通百通。這就是對最上乘、最大乘人講的，就是最上乘的法，即所謂「最尊最上最第一」，就是這個意思。最第一即是指，《六祖壇經》是第一，能引申出一切，第一引發出二、三、

四……，一直到千經萬律。

我們現在講到病苦的幾種現象，後面再繼續講死之苦、愛別離之苦、怨憎之苦……八苦都講完；然後再講集諦，苦之因；道諦即對治苦之因的方法；再講結果，就是滅諦。這都是屬於正知見、佛法的根本教義部分，講這些快不了，必須得一點一點的把框架建起來，得熟知、勘透了這一套體系，必須得把佛法的基本教義透徹的領悟，才真的能說你是修佛的人，現在僅僅是將大家往這個門裏帶一帶。

第四節

死苦最大恐懼
愛離別怨憎樂短苦常

　　繼續講解苦諦。本章我們繼續講解「死之苦」。在世間，我們的心識要享受，受用世間各種物欲的享樂，必須得在色身的基礎上，得依靠、得有我們這個色身，才能生起受、想、行、識，亦即是享樂的可能，才可以滿足我們的五欲。財、色、名、食、睡，這五種欲望的滿足一定得有色身，沒有色身，這些都滿足不了，也就沒有樂了。雖然我們知道樂是短暫的，但是欲界眾生追求的就是這種樂。

　　當然不僅僅是欲界眾生，也包括色界眾生和無色界眾生，各有各的樂，這種樂都是不究竟的樂，都沒有達到佛境、涅槃境界的那種常樂我淨，都不是永恆的樂。所以，我們依戀、依靠色身，離不開色身，我們對色身有巨大的貪戀和執著，這就是我執。因為有了我，才有了各種的享受，各種欲望的滿足就是享受。

　　在這種強大的我執的狀態下，如果這個色身敗壞了，那將是一種巨大的痛苦。色身敗壞就意味著，會迫使我的心識從色身上離開、分開，當心識從色身離開了以後，色

身就是一團骨肉，就是無情之物，心識的受想行識，就沒有依托了，所以這就是死亡。

死亡給我們帶來的苦，最主要的體現就是，心識離開了色身之後，對世間的一切物欲享樂，都享受不了，無從著手、沒有依靠，都分裂了，這就是最大的恐懼，也是最大的捨不得。

死苦也是呈現出五種相貌。

第一，離別所愛苦。我在世間有愛的人，有喜歡的物，有做事成功以後的滿足，人死了以後色身沒有了、離開了，這些都不存在了。以前就被這些所牽引，被我愛的人所牽引，天天陪伴在一起，心裏非常舒服，特別踏實有依靠。有特別喜歡的物件，有欲望嗜好，每天很充實，給自己設立的目標，如果達成了以後有的那種欣喜、成就感，這些隨著色身的消失、敗壞，都不存在了，這是離別所愛苦。

第二，離別財產苦。這一生我們為了財、色、名、食、睡，尤其為了財，我們費盡心機、不擇手段，要積累更多更多的財。但是當色身敗壞，心識離開色身亦即是死亡了以後，那些世間的財對我一點意義都沒有了，拿不走、帶不走，即使有萬億身家，掌控了全世界的財富也沒有用，這是一種苦。怎麼辦？就要留給孩子，心裏還能安慰一點，

孩子是我們的延續。僅僅就是安慰一點，心裏其實還是放不下，何況有的人沒有孩子來繼承，那就分散到社會、捐贈給社會或者死後就不管了，那為什麼要掙那麼多錢？所以，這是一種苦。

第三，離別朋友和眷屬苦。我們天天和好朋友、知己相聚，互吐心聲，天天和眷屬在一起依戀著，分開以後那是非常苦的。死亡這種分開，代表著可能以後永遠都見不著了，所以這是一種苦。

第四，離別色身苦。心識離開色身，這是一種苦。色身敗壞，四大分散，在分解過程中的這種離別。即是我的心識和色身，現在是時時在一起，不分開的，色身完全聽我的心識指揮，很默契，但是死亡的時候，心識就離開色身了，指揮不了了，這是一種苦。

第五，在死亡的瞬間，會感受到種種的、極大的痛苦。這叫做四大分散、四大分解，這時候是有很大的痛苦的，這是一種苦。

死之苦和生之苦基本上差不多，都是我們最恐懼的、最害怕的、最大的苦。我們為什麼要學習佛法？就是要解脫生死，不再受生之苦、死之苦，然後能得大自由。學了佛法以後，我怎麼解脫生死之苦呢？

生之苦，來自於胎生、卵生、濕生和化生。我們人是胎生，胎生就有分娩之苦，然後形成了身體色身以後，死的時候有四大分解之苦。如果我們修行看透了生死、勘破了生死、解脫了生死之後，就不會再受胎生之苦了。如果行菩薩道，真正達到了菩薩的境界，我們就大自在了。

　　何謂大自在？就是不受這些苦了。出生的時候不是胎生了，就是化生了。化生無苦，化生是隨著願力而生的，生不受胎生之苦，死也不是四大分散、四大分解，也是隨願力而去，即緣起緣滅，這個緣就是願。真是修到了菩薩道就大自在了，而且我們可以分身無數、化身無數，都是化生的，遍布於十方世界，隨願力而生而滅，這種生滅就不是胎生或者四大分解之滅，所以就不受這種苦，這是我們修行目的所在，修行、學習佛法的本質就是離苦得樂。

　　什麼是外道？什麼是正法？正法帶我們走向究竟的涅槃之道、圓滿之道。外道再修也不究竟，不究竟的意思就是離不開這些苦，哪怕修外道修到了「非想非非想處天」，亦即是無色界的最頂層，修的已經沒有形、沒有象了，只是心識的存在了，最後都有受盡的那一天、報盡的那一天，當有盡了的那一天時，還是落入三途，還是落入六道，最後還是得循環、輪迴，是不究竟的。所以，這就是外道和

正道的區別，即是究竟與不究竟。

其實很簡單，愛離別苦是死苦當中的第一苦，是最難割捨的。愛離別苦也有五種相貌，佛法當中不斷究其理。死為什麼會苦呢？究的其實很深，因為究出很深的理，後面不斷的格物，才能真正的樹立起正知見。在佛法當中對苦的深究，可深究出來很複雜的名相。

我們剛才說的三苦、五苦、八大苦，其實這是最簡練、最粗淺的，對苦相的探究及格物，如果細分起來有很多。細分三界各有苦，佛法來講，三界當中「二十五有果報」，二十五有果報就是二十五境界苦，把苦分得很細，每一種苦怎麼來的呢？對應著集諦即是苦之因，也有「二十五有果因」，果因對果報。

在此簡單的給大家介紹一下八大苦，再介紹一下最粗淺的三大苦：苦苦、壞苦、行苦。我們現在解讀的是八大苦，之前講的是生老病死之苦，下面繼續。

八苦中的第五種苦，愛離別苦。愛離別苦跟死苦還有重合的地方，之所以死是一種苦，第一個相貌就是愛離別，跟所愛的人、所愛的事永遠的分開，能不能再見都不知道了，這是巨大的恐懼，我們活著的時候跟所愛的人相互依戀、相互陪伴都習慣了，這是一種享受。要永遠的分

開，就是一種苦，但是我們活著的時候，是不是也隨時都有這種愛離別苦，我們隨時都在感受。

比如，我們心中對財產、財富、錢特別的在乎，那也是一種愛，其實是一種貪的表現。當我們花錢的時候，或者不得不花這個錢的時候，也是一種苦，也是一種愛離別苦，和財愛離別，錢越花越少。人、事、物都是一樣的。

愛離別苦，其實也是有五種樣貌，即五種苦相。

第一種樣貌，是不與自己喜愛的人相聚而產生的苦。我喜歡一個人，特別喜歡他，但是因緣不聚合，人家不喜歡我，這是一種苦，亦即是單相思是一種苦，這是一種愁苦。還比如，想得到一個物件，特別喜歡某一類古董，就是得不到，天天茶不思飯不想，還是得不到，因緣不具足，這是一種愁苦。

第二種樣貌，還是不能與自己喜歡的人、事、物相聚而引發的煩惱、焦躁、思戀。離散、緣盡的時候，那種敗落感，都是一種由離別而引發的苦。在活著的時候，其實從來就沒從這種苦中解脫出來過。別看生活過得特別富足，天天住著別墅、開著豪車，真的能和你特別喜歡的人在一起嗎？不一定。都喜歡劉德華、范冰冰，你能跟他們在一起嗎？不可能。這就是一種苦，就是愛離別苦。

我們在現實中作為人來講，有時候不覺得苦，世間一切好像現在已經很滿足、很快樂了，知足常樂。自己已經覺得很平靜、很開心，但其實是你無法去觀照自己內心的世界。當你真的反觀自己內心世界的時候，就會發現其實你並不是真正的快樂，僅僅是表面的快樂，還有太多的欲求不滿、太多的求不得、太多的期望、太多的貪戀、太多的依賴、太多的捨不得、太多的恐懼、太多的憂慮，只是所有的這一切被你表面所謂的安樂掩蓋了。現實中一旦有了變化，馬上顧慮、焦慮、擔憂、恐懼就被激發出來了，所謂的祥和、安樂的現象，這種清靜態就會被打破，馬上就會翻江倒海，心神不定，就開始抑鬱、憂苦、煩惱。

　　所以，世間之樂是短暫的，世間之苦是常態。這就是佛法告訴我們的。首先我們要知苦、識苦，知道這是苦，認識到我的生命是苦的，然後才能生出脫離心，才能生出厭惡五濁惡世，才有昇華之心、昇華之力，才有修習佛法的動力。這是我們說的第五種苦，愛離別苦。

　　八苦中的第六種苦，怨憎苦。怎麼會有怨憎？就是因為自己的某種因緣，怨恨、嗔恨他人，對他人的行為不滿，而產生的煩惱與痛苦。這裏要清楚，你恨別人，別人不痛苦你痛苦，你怨憎嗔怒，跟人家沒關係，雖然說是別人的

行為引發了你的怨恨，但是是你在怨恨，你是痛苦的。經常恨別人的人，是非常痛苦的。經常恨別人、怨別人的人、不放過別人的人，時間長了，相由心轉，面相都會變得扭曲、猙獰、可怕，那都是由內心的恨引發出來的。

從佛法來講，怨憎苦也分五種樣貌，也就是五種由怨恨引發的苦。

第一種是和冤家相會的時候，產生的煩惱與痛苦。我們都喜歡和好朋友在一起，喜歡和喜歡的人在一起相處，相互傾吐、相互扶持、相互幫助、相互安慰，我們都不喜歡和討厭的人在一起，尤其不喜歡和自己恨的人在一起。如果和恨的人、和自己討厭的人在一起，那真是度日如年，很煩惱、很痛苦，時間過得太慢了，恨不得馬上就要離開，趕快找個藉口走。這是一種苦。

第二種，你和你恨的人在一起，你會治他，在治罰、相互攻擊的過程中，會產生煩惱和痛苦。你要治他，他知道你治他了，他要再反治回來，你怨他恨他，其實對方也在恨你怨你，相互的攻擊。這是一種苦。

第三種，你和冤家相互誹謗、詆毀名譽的時候，這是一種苦。

第四種，臨終的時候還是念念不忘，放不下怨恨，眼

睛都閉不上，還是恨，他怎麼不比我早死呢，我怎麼能死在他前面呢？好像他勝利了，我再也跟他鬥不了了，我死了以後，他可以任意的去罵我，任意的去詆毀我，我也沒辦法了。這是一種苦。

第五種，由於放不下的怨恨和瞋怒，死了之後把自己帶向了三惡道，化成了地獄眾生，被地獄的烈火煎熬。地獄的烈火是什麼呢？就是自己心中熊熊不滅的怨恨、瞋怒化成的地獄之火。因為放不下，所以落入了地獄，成為地獄眾生，天天被熊熊的這種妒火、嫉火、瞋恨之火燒著。是誰讓你下地獄的？其實沒有人讓你下地獄，是自己的這種恨念放不下，自己把自己帶向了地獄。火是誰燒的？是你自己起心動念，內心不清淨，就變成在地獄當中煎熬，被地獄之火焚燒。

其實這樣的人不是死了以後才下地獄，瞋恨心特別重的人，活著的時候就在地獄中，什麼事都會引起他的恨。恨念一起，心中的怒火開始燃燒，心火太盛、太旺，五行就不平衡，四大就不調。在現實中就各種失眠、焦躁、大煩惱，身體在色身上就會有反應。其實你活著的時候就會被自己的瞋恨之火、憤怒之火焚燒著，活著時候就在受這種苦。

太多的人是這樣放不下，總覺得別人對不起他，總覺得別人傷害了他，現實中四處去攻擊，用各種方法反擊、報復。其實自己很苦的，自己還感受不到。有的人已經習慣成慣性了，在現實中這種怨恨，如果一下讓他放下了怨恨，不知道怎麼活了，根本清淨不了，清淨下來以後就沒有目標了，把攻擊敵人，攻擊所謂的傷害他的人，當成了人生的目標。這樣的人死了以後還是放不下，要嘛是入地獄，要嘛就入了阿修羅道，也是惡道，天天都在打，天天去攻伐，天天去毀滅別人，別人也毀滅他，放不下。這種苦叫做怨憎之苦。

第五節
求不得五蘊苦器
苦諦為生離厭心

　　八大苦第七種，叫做求不得苦。求不得苦也是貫穿於我們整個的生命現象。哪怕是我們剛出生的時候，我們餓了，但是媽媽沒有即時關注我，媽媽在忙別的，餓的時候本能的反應，那就是哭。為什麼哭？求不得。得到了就滿足了，得不到就是苦。剛生下來的時候還不懂事，這個時候我們其實就已經在求不得苦當中了。

　　長大了以後一直都在這種狀態下，隨時都是求不得。我們沒有滿足的時候，心就沒有安下來的時候，沒有任何一時一刻的滿足，永遠都是在求不得的狀態，錢永遠掙不夠，色永遠也不滿足，得多大的名都不夠，還要往前去求。食，再好的美味吃過了之後，又開始想要更好的。睡，總是睡不夠，天天都睡不夠，總是差那麼一點，天天想睡到自然醒，總是沒有滿足的時候。這種求不得苦，從我們生下來一直到死，都是這樣。

　　有人問：「不是說這是動力嗎？」

　　對的。生命的任何現象，尤其本能的這種現象，都是

動力，都是有兩面性。因為我們有求不得，所以我們人生才有動力；因為求不得，我才有更大的目標、更大的理想，才會去追求，在追求的過程中要嘛入地獄，要嘛成佛、成菩薩。但是這是一種苦，活著就是一種苦，即求不得苦。哪怕將你引向了佛道、菩薩道，當沒成就的那一天，還是有這種苦——求不得。

我為什麼就成不了菩薩，怎麼就得不到佛果、成不了佛呢？這是一種苦，就是求不得苦。想一想在我們的世間，其實你得到的東西，並不知道珍惜，得到了就得到了，馬上目光就轉向外面，還要去得那些得不到的。越是得不到的東西，我們才把心越放在上面。總是想方設法去得到它，一旦得到了以後，心又放在外面還得不到的東西上面了。這是一種常態，也是人的本性。

所以佛告訴我們，怎麼去對治這種苦呢？這是一種妄想，你放下這種妄想，放下又不代表沒有，要去轉化它，因為不可能沒有妄想，沒有妄想就沒有動力了。但是你把妄想放在哪個方向上？去追求什麼？如果你去追求物質的享樂、生理上的刺激，追求色身上的一點滿足，馬上就會帶來無窮的煩惱和痛苦，那就是不究竟的，就是有毒的。要給它轉向菩薩道、轉向佛道。

隨著不斷的修行、不斷的提升，接近菩薩道、接近佛道的時候，會產生一種妙樂，當然妙樂也是不究竟，如果不能再繼續往上修到涅槃境界，不能成佛，不能成就佛果，那麼早晚有退轉的那一天，當退轉了以後，還是要受各種苦的煎熬。

　　但是我們有一個目標，我們能看透它，對治的方法還是放下和轉化。所謂放下，不是放下追求的動力，是要更加積極進取，更加精進。要放下的是求不得的這種苦，是把求不得的這種動力轉化，去求那無上的佛道，轉化向上去昇華。這種求不得苦，貫穿於我們生命一切的時段，從無間斷。

　　八大苦的最後一種苦，叫做五蘊苦器。色、受、想、行、識，這就是五蘊。器就是器質、器皿。我們的身體就是由色身以及受、想、行、識假和而成，亦即是因緣聚合而成。因緣聚，五蘊相合，就形成了有形之我；因緣散，五蘊四大分散、分解，受、想、行、識亦復如是，就不存在了。五蘊是苦，是承受苦的器皿，有了五蘊假合而成的我，來受各種果報。善業形成善報，在五蘊和合而成的我身上會有享樂；惡業生成惡報，也是在五蘊和合而成的我身上，我只是一個器，是一個容納、承受各種業報的器，

是苦多樂少。

五蘊苦器其實也有五種樣貌。佛法分得很細。

第一，生苦器。生苦器是指生生世世以來所造的諸善業以及惡業，形成了我的輪迴現象，五蘊假和的我會有各種形象，這一生善業、惡業不斷，就會導致輪迴的我的出現。總有生的那一天，生出來的我，就是承受這一種業的果報的，這叫做生苦器。生苦器是指我的身體是由善業、惡業最後果報的報身。相貌是否端莊，是否醜陋，這都叫報身。生下來就是所謂生苦器。

第二，依生苦器。這都是佛法當中的術語。隨著我的生下來的身體，然後有各種善報、惡報依附而來，這稱為依生苦器。

第三，苦苦器。本來生就是苦，業報形成的身體有漏，任何一個身體都是有漏的，有漏即不完整、不完美，不像佛，佛的身體不是胎、卵、濕、化而來，三十二相，相好莊嚴，那是無漏之身、圓滿之身。我們任何一個人生下來都是有漏之身，本身就有問題，那就是苦。然後由於前世的生生世世所造諸惡業，就形成了現實中的各種煩惱、各種痛苦、障礙。生下來這個器也就是假合之我，本身就是苦的，然後在其上又加上了煩惱、障礙和痛苦，稱為苦苦

器。

第四，壞苦器。我本身是苦器，就是五蘊假合之我，這個身體我們稱之為苦器，本來就挺苦的了，後面又有成住敗空中破敗的一天，有死那一天。當它破敗的時候，這是一種苦，叫做壞苦器。你控制不了，不受你控制，必得有破敗那一天。除非你成佛了，或者成大菩薩，能得大自在，暢遊三界不在五行，否則都有這個問題。哪怕修到了聲聞界、緣覺界，還是有這個問題，就是修到了欲界、色界，再到無色界，還是有這個問題，早晚有壞的一天。這是一種苦，稱為壞苦器。

第五，行苦器。世間的任何的精神及物質，再怎麼享樂，總有變遷的一天，總有享完的一天，總有變，這個變就是「行」。它不是永恆的，周而復始，善業帶來了善報，但是善業有頭、善報有頭，總有終止那一天。當終止的時候，又開始循環，那麼惡業引發的惡報又會作用在我身上。這個理是變的，就是變易，不常住的，這是一種苦。

這種苦一般人、凡夫體會不出來，只有佛菩薩這個境界，真正深入了五蘊皆空，色即是空，受想行識亦復如是，到了這個境界，他就能察覺、感受到這種行之苦。我們常人還經常覺得自己很樂，這其實是一種隱藏的、深層次的

苦，即是變易之苦，即是行。不管當下怎麼樂，最後的結果一定是苦，是樂中有苦，苦中有樂，沒有那種永恆的、完美的、只是樂，這種樂只存在於佛的涅槃境界當中，即所謂常樂我淨，那是永恆的、完美的樂。真正全然的體會到我是清淨、寧靜，那種美妙，不到那個境界都是有漏，都是一種苦，變易遷流之苦，這個就稱為行苦器。

所以，第八種苦是五蘊苦器苦，指我這個五蘊假合而成的身體，僅僅就是一個器皿，是承載我們的善業和惡業形成的善報及惡報，這是一個報果。承載的善少惡多，善果少惡果多，善報少惡報多，所以是第八大苦。因為有我這個器皿，有我這個「我」，所以不離苦。

八大苦其實貫穿著我們世間的整個生命過程，一個都離不了。從一出生嚎啕大哭，帶著哭聲來到世界，死的時候咽下最後一口氣，離開這個世界，你有過幾天的樂，樂當中都是帶著苦。所以，如果不明白這各種苦，我們就無法修習佛道、修習佛法。因為苦，我們要離苦得樂，這就是釋迦摩尼佛祖入世那一大因緣，講經說法 49 年，其實就是告訴我們離苦得樂的方法，這就是佛法。

為什麼說修行四禪八定、苦行之類的都是外道？修四禪八定已經修得很高了，怎麼還說是外道呢？就是因為不

究竟。無法永斷其苦，永得其樂，所以不究竟，還是在那輪迴中。

三界，我們知道有欲界、色界和無色界。為什麼叫做欲界？因為欲界的所有眾生都有飲食、睡眠和情愛，也就是食、睡、淫這三種最基本的欲望。找不出欲界中的有情眾生沒有這三種欲望的，動物、植物都是一樣。人與有情眾生還有什麼區別呢？人還要加上兩樣破除不了的欲望，一個是愛財，一個是愛名。這兩樣動物沒有，植物也不存在，所謂愛財、愛名，只有人，所以人有五欲。但是，欲界眾生食、睡、情基本上是共性，所以稱之為欲界。

色界指什麼？只能通過禪定才能進入色界。色界沒有欲界的欲望，食、睡、情、財、名這些都戒除了，沒有這些欲望。真正修到色界，只有清淨美妙的色身，微妙色身，已經不是我們眼見的色身，是看不見的形象，但是還有色身，這種叫做清淨微妙色身。我們的色身怎麼來的？就是由欲而來。我們吃的東西越吃味道越濃厚，口味越重，越是喜歡濃厚、口味重的，色身就越不清淨，越不微妙，色身就越粗。所以我們經常說，吃東西稍微清淡一點。我們就看現實中的人就是這樣，越是喜歡吃重口味的，越是大魚大肉，特別油膩的，他身上的味道、體味都不一樣，皮

膚毛孔都粗，在色身上會有變化的。

　　所以隨著我們修習禪定，欲望越來越淡，淡不是沒有，而是把五欲不斷的轉化成了求無上佛道之欲，也就是動力。我對世間的食、睡、情，情即男女的性，越來越淡薄，但是我對出世間的菩薩道、佛道、禪定更加精進，這就是轉化。然後一點一點就能進入色界。色界還是有身體，只要有身體，雖然是清淨微妙的色身，但是還是有苦，如果不繼續往上修行，當定力過了以後，他還是會退轉，還是會落入到六凡界。

　　色界當修到了聲聞境、緣覺境的時候，聲聞境就是色界的初境屬下乘，緣覺境是色界的上乘，繼續往上修，就達到無色界。

　　無色界又是什麼樣的狀態？無色就是修到了只有受、想、行、識的存在，不僅沒有欲望了，身體的形也叫器，其實也一點一點淡化沒有了。當沒有身體的時候，無色界就沒有外在物質的世界，只有受想行識，心在發生活動，這是無色界。無色界的最高處，最上的境界叫做「非想非非想處天」。其實修到這兒，已經把形修沒了，還是有苦，還是不究竟，所以釋迦摩尼佛祖當時苦行修四禪八定，就修到了非想非非想處天，發現還是不究竟，所以回來以後

告訴大家，不要按照這條路去修，這是外道，不究竟。什麼不究竟？無法徹底的離苦得樂。

即使是在無色界，哪怕修了八萬四千劫，還是修不到那究竟的涅槃，這條路就走到頭了，到了無色界的最上處「非想非非想處天」，再修就修不上去了，所以佛祖告訴我們這叫外道，不究竟，按照這個方法修，你永遠得不到所謂的圓滿。

三界之苦，我們說三苦即是苦苦、壞苦、行苦，然後由三苦延伸出八苦，包括生、老、病、死、愛離別、求不得、怨憎、五蘊苦器。八苦之外，如果按三界來分，還有二十五類苦，這都是佛法深究觀察苦相得出的結論，很複雜。二十五種苦逼惱三界之眾生，跳不出三界，就得受這些苦，輪迴、循環的來受這些苦。

簡單介紹一下三界二十五有果報。簡單的說，即是「四洲四惡趣、六欲並梵天、四禪四空處、無想五那含」，就包括了三界也就是欲界、色界、無色界所有的苦。

四洲四惡趣，四洲講的是空間，就像前面說天人境界的北俱蘆洲，還有南瞻部洲、東勝神洲、西牛賀洲，這四大洲；四惡趣，即四惡途、四惡道，包括阿羅漢道、畜生道、餓鬼道，地獄道；還有六欲天，再加上梵天、四禪天、四

空天，然後還有無想天、五那含天，這就是二十五有果報。這裏面名項是非常複雜的，如果要仔細講解二十五種苦、二十五項果報，很複雜。沒必要講得太細，在這裏只是把框架給大家講一下，大家知道苦不僅有三苦、八苦，三界還有二十五類苦，還有色界之苦，有無色界之苦。反正總之就是不究竟。

集諦是怎麼來的呢？苦有二十五有果報，那麼集諦就是針對這二十五果報，有二十五種因。集和苦是因果關係，集是苦之因，因為有集之因，後面才有苦的報，一因一果，世間的因導致世間的果，就稱為集、苦。都是講世間。

道和滅，道是因，滅是果，滅了意思就是涅槃了。怎麼能無苦，修道即無苦。所以說道是滅之因，這也是互為因果關係。出世間的因和果，就是道和滅。所以四聖諦是修習佛法最根本的教義。如果這個理解不了，你沒法修習佛法。佛法不外乎集苦道滅，所有的修行方法，包括所有理論基礎，全都在這裏，所有的佛法都是四聖諦延伸出去的，然後形成了千經萬律，都不離這四聖諦。

佛祖釋迦摩尼得道之後，初轉法輪的時候，最早講的就是四聖諦，然後八正道、緣起性空、三法印。這是所有佛法中最基本的教義，後面不斷的延伸形成了各種各樣、

八萬四千種成佛的修行方法。所以在此所講的即是，「自心常起正見，煩惱塵勞常不能染」，最後終於能得到見性之果。見性了，才能真正臻入到悟境。這些知識、佛法的根本教義，都是如何起正見，必須得掌握的最基本概念。

所以佛法是一門學問，是一門複雜的宇宙真相學、人生真諦學，是要學習的。這種學習一定要跟善知識去學，而不是憑自己的一點悟性和那點小聰明就能悟透的。佛之所以稱之為佛，是用一生的時間真正悟透了這些。這一套智慧不是哪一個人能用自己的聰明悟出來的，佛之所以能悟出這套智慧，也是有他的機緣，那不是普通人。

就好像我們遠古的伏羲女媧、上古之神創造了中華文明，一切的智慧體系，那不是哪一個人能創的，那是神本來就有的。他們本來就掌握宇宙自然的真相，掌握人的發展真諦，直接告訴了我們，然後我們向人不斷的學習。聖人只是把上古的神傳給我們的智慧，都給總結、匯總了，然後分門別類的落地，告訴我們應該怎麼去做。聖人做事都是信而好古，述而不做。對上古的神傳給我們的東西，堅定的信，一點都不改變，然後原汁原味的、原封不動的傳給我們，不加自己的任何的一點見解、任何的一點創造。為什麼這樣？

人想出的東西都是妄想，人創造出來東西都是大妄想。所以有一句話叫「人類一思考，上帝就發笑」。人一思考、創造，上帝笑什麼？還覺得自己挺對的，還覺得你挺會思考，還自己創造，你創造的都是妄想、扭曲的東西，不符合真諦以及真理，不符合真相，上帝就笑了，神就笑了。

何謂善知識？就是把佛祖教給我們的這些智慧，在經典裏告訴我們的智慧，原汁原味的、原封不動的傳遞出來、講解出來，不加自己的任何東西，這是善知識。加上自己的東西就是邪師，你覺得自己很聰明、悟性很高，然後去判斷推理，然後得出一個結論，你形成了一整套智慧體系、一整套知識，你就是在害人，這就是毀人慧命！你以為你自己是誰？

現實中很多人說自己八歲就覺悟了、就大徹大悟了，說釋迦摩尼佛說的有漏、也不完全，他只是佛的一個，而且是低級的佛，說自己才是更高級的佛，是佛中之佛、萬佛之王。這就是胡扯、造大妄語，知道是什麼果報嗎？所以，我們真正要學，一定要按照佛祖教給我們的，他對世界的觀察、這一整套的智慧體系，一點一點認真去學，不要加自己的東西。

這就是苦諦，上面講了這麼多，僅僅是略說苦諦。僅是講一個粗略、粗淺的框架。我們現在是初學者，就先把這個框架瞭解清楚，先知道世間皆苦，我要產生離厭心，就可以了。我有嚮往，我要離苦得樂，我要厭世。一說厭世，有的人又理解錯了，我厭世了，不活了，逃到大深山裏去，或者自殺了，我不在這個世上了，那是不對的，佛法不是那個意思。

　　厭世是讓你產生出離心，如果不學佛法，不知道自己是在骯髒的糞坑裏，五濁惡世是萬年的糞坑，你在這糞坑裏都已經生生世世幾萬年、幾億年了，已經八萬四千劫，聞不出味來了，根本不知道自己在糞坑裏。所以佛才告訴我們，讓你好好聞聞，你看看你周圍，你是在糞坑裏。當你一下清醒了，發現原來自己在糞坑裏，就產生出離心了，怎麼能夠到芳香的世界、蓮花的世界、清淨的世界。糞坑就是五濁惡世，怎麼能從糞坑裏出去，知道了、看清楚了，真聞到味了，這叫做悟，這就是悟境。

　　現在僅是在理上理解，我現在糞坑裏面，還挺香的，這是糞坑嗎？佛告訴我們這是糞坑，那我就覺得是糞坑。你只是在文字上理解了，還覺得糞坑香呢，回家嬌妻在等著，事業上馬上 500 億要進帳，馬上自己要成總統了，馬

上要當大官了，你還在名聞利養當中，還在財色名食睡當中享受，根本覺不出來這是糞坑，這個時候哪能有出離心，怎麼能修無上的佛道？

你得先知道，知道了以後才觀照，越觀照越會發現原來真的是苦，真的知道是苦，才漸漸的聞到臭味，然後才真的發現原來我真在糞坑裏。在裏面萬年、億年、八萬四千劫了，還能聞著味嗎？廁所你剛進去的時候熏死你，摀著鼻子都受不了，但是你在那裏待上一天，還能聞到臭味嗎？待上一年，就覺得是香味了，根本就跟臭都已經完全融合為一體了，你就是臭，臭就是你，根本就不知道自己在哪了。

我們迷人就是這樣，在世間我覺得還挺好，還都是離不了、捨不得，反而在廁所呆十年以後，捨不得出去了。因為習性、慣性出來了，還覺得挺好，沒有那味還受不了。所以我們叫做喚醒凡人，佛祖就是醒悟的人，原來在臭糞坑裏，他一清醒出去了，出去又回頭再看糞坑裏的我們這些眾生，還都覺得挺好，已經如同蛆蟲一樣，糞坑成了成長的地方了。所以就要回過來，即謂之「乘願再來」，又入了糞坑，進來呼喚蛆蟲似的眾生，趕快清醒，別迷戀在這裏了，其實外面還有個清淨的蓮花世界，那是永恆的樂，

你在這糞坑裏都已經待了這麼多年了，快出來吧。

所以佛祖三十歲在菩提樹下成道之後，四十九年的時間講經說法，就為一大事因緣，這一件大事就是讓眾生離苦得樂。苦是四聖諦的根本，四聖諦又是佛法的根本教義。所有的佛法都是從四聖諦而來，所以苦諦這是真相、是真理，學佛必須從這兒開始起修，好好去觀照苦諦。

在此，苦諦講得挺多，但是講得多也講不究竟，講不完整。三界二十五有果報，講完就太多、太細、太專業了，不適合初學者。我來講解《六祖壇經》就是針對初學者、沒接觸過佛法的人來講的，太專業的就不往下講了，我們大概知道框架就好，然後漸漸的產生離厭心，後面我們才能堅定的走上無上的佛道。

第三十一章

集諦乃苦之因

世界運行的本質

第一節

最基本貪瞋癡
最根本因為愛

　　現在我們已經知道，集諦是苦諦之因，如果給集諦下個定義，就是導致煩惱和痛苦的生起以及持續增長的、各種心意行為的業，這就是基本的定義。

　　我們要清楚，集諦是心意和行為，即心念和意識，以及由於起心動念而造的業，然後因為有起心動念，也叫受想行識做了判斷之後，我們先思維，後面就是行。心造了業，行上就開始造業，心指導著行，受想行識指導行，我們在世間就有各種的善業、惡業，這就是成因。後面由於這個因而導致了現實中的果報，果就形成了各種的苦，形成了苦諦、各種各樣的苦果，報在我的色身即是五蘊苦器上，又有我的心識來感受它，受想行識又產生了各種的心念、意識，再又循環的引導著我世間的行為，又開始造業，這就是一個循環往復的過程。

　　由於果導致了因，導致了起心動念，外面有障礙了、有愛離別了、有生有死有病有老，這些果導致我心念大動，各種感受產生，然後導致各種想、各種思維活動，這叫做

行，後面做出各種判斷，然後導致行為又在這個基礎上開始造業。造了業又變成了未來的果之因，等未來我在受果的時候，又產生憎恨、愛離別苦等等，又產生不同的感受。根據各種不同的感受，又產生了想，產生了思維行，又產生了判斷的識，然後又開始造行為上的因，因又有果，果又有因，就這樣循環往復。我們生生世世就在這種輪迴當中，永無出期，這就是因果關係。

如果不斷除這種因果，怎麼能修出三界？永無出期，天天在這裏輪迴，這就是所謂的輪迴。所以我們必須得清清楚楚的知道，輪迴當中我們說苦，苦是哪來的？苦之因是什麼？就是集諦。當我們清楚苦之因以後，才知道我應該用什麼方法來斷這個因，就不受苦之果報了。斷因的方法就是道諦，後面的結果就是我的苦斷了，苦斷了以後是什麼境界，就是滅諦。這就是集苦道滅四聖諦。

我們知道現在這一生受苦，不能去怨恨別人，不能去怨上蒼不公平，我們要知道現在所受的苦、所得的樂，都是我們生生世世以來所造的因、造的業，現在這一世就是果、就是報。

有人問：「老師，我以前既然造了這個因、造了這個業了，我現在這種果報是不是改變不了啊？」

我明確的跟你講，是能改變的。當下的果報是能改變的。怎麼改變？要學習佛法、修習佛法。覺得現在的苦、果報受不了，太難了，都不想活了，我們通過修習佛法的道諦去改變，回到過去，去改變你的知見，去改變你的因，改變你所造的業，你的果就會被變。

　　有人又問：「已經是以前了，都已經是造了的業了，還能改變嗎？」

　　能。這就是佛法揭示的道諦，有很多的修行方法，能改變你當下的果和未來的果。所以我們要修習佛法。如果改變不了，那就是宿命論，就只能隨波逐流了，既然種了那個因，就必須得有那個果，因種了就改不了啦，那果一定也改變不了，絲毫不差，因果不昧，就是宿命論。那樣還學什麼佛法？就只能受著了。

　　佛法可不是讓我們變成宿命論，佛法要讓我們積極的去改變因果，這就是所謂道諦。是有方法的，既能改變我的小因果，當下的果報，又能改變大因果，未來的果報。過去、現在、未來其實都在一個點上。過去發生過嗎？未來還沒來嗎？真正的佛法告訴我們，過去還在發生著，未來已經來了，都在當下的一個點，當下知見一變，心念一變，立馬過去就變了，未來也就變了。當下就是樞紐，當

下承接著過去和未來。

　　所有的宿命論是，以前造的因，當下必須得結相應的果，那是在你的心、你的模式、你的秉性、你的慣性、你的習性從來不變的情況下，你就得受。但是為什麼修行佛法，因為佛法告訴我們，其實一切都是可以變的，一切都是可以把握的。我造的因，我是能改變因的，因改變了果就必然隨時改變。這才是真正的佛法。

　　世間的苦到底是怎麼來的呢？最根本的、最直接的、最淺顯的原因又是什麼呢？世間的苦，其實就是由於自己對宇宙生命現象的無明，亦即是無知，就對世間的各種精神的享受和物質的享樂過分的貪求，過分的被其牽引，過分的執著，就引發了我們的貪嗔癡，是這些念所造成的，這是最簡單、最直接的對集諦的理解。

　　煩惱和痛苦的根源又是什麼呢？我們對宇宙真相看不透，我們對宇宙的生命現象無知，無知即導致無明，不明白。我們都被宇宙生命現象的假相遮蔽住了真相，就認為眼睛看見的就是真、就是實相。覺得精神上的享受和物質上的享樂才是我們要追求的方向。精神上越來越享受，物質上越來越享樂，生理上越來越刺激，把追求這些當成了生命的本質。活著為什麼？為了快樂，為了富足。所以，

越是追求精神享受、物質享樂，就越得去貪。而對物質、金錢和生理上的刺激的貪，是無底洞，其實會給你帶來無盡的煩惱與痛苦。

沒有貪，自會清淨；沒有瞋怒、瞋怨，自會安詳；沒有癡、執著，自然就放鬆了。所以我們不知道活著的意義是什麼，只是被眼前的或者身心所能感受到的感官，所左右、所牽引，所以被稱為無明眾生，也叫無知眾生。

越是無明越是無知，就越被精神上的享受和物質上的享樂所牽引、所執著。最後越牽越深，越是追求享受和享樂，就越是產生更多的煩惱和痛苦，這就形成了一個循環、一個輪迴。越貪、越瞋、越癡，就越痛苦。看似能得到精神上的享受和物質上的享樂，但那是短暫的，過眼雲煙稍縱即逝，得到了就沒了，但是痛苦和煩惱卻不斷的加劇著，把我們直接引向三惡途、四惡趣，這些都源起於無明、看不明白。

集諦告訴我們，苦和煩惱是怎麼造成的？根本原因是什麼？是由於無明而引發的貪瞋癡，從而形成了各種心念，由心念而引發各種業，這是最基本的因，這就是集諦。

細分下來集諦有很多種類，是根據苦才有的。我們先知道最基本的三大苦：苦苦、壞苦、行苦。三大苦對應最

基本的集諦，集諦也就是因。給我們帶來三大苦的最根本的三大因，就是貪嗔癡，我們稱之為三毒。

佛法上講，如果再根本一點，三大因貪嗔癡是怎麼來的呢？佛祖其實在佛經裏講過，最最根本的集是怎麼產生的？其實就是一個字、一個因，最根本的因就是愛。

當然愛是泛指，不是指愛情，不是那麼狹隘。佛經上說「若愛，若後有愛，若貪喜俱行愛，若彼彼喜樂愛，是名集諦」，這就是佛祖給集諦下的定義，其實就一個字「愛」。多少種愛，才形成了各種苦之因。因愛而取，因取而執著，因執著有了貪，因得不到而有嗔，然後才有癡。什麼引發的貪嗔癡，是愛引發的。沒有愛就沒有貪嗔癡。

為什麼稱為有情眾生？情是什麼？就是情愛。一切都是愛，愛飲食、愛美味、愛美色、愛財、愛健康、愛平安，不都是愛嗎？由愛而引發的苦，由愛而引發了貪嗔癡。佛其實直接給集諦下的定義就是愛。剛才講到，佛在經典上很明確的為我們講各種愛，而且解釋起來，每一種愛都有很多，是名集諦，即這些愛就是根。

有情眾生，因愛而生。人是怎麼來的？所謂男歡女愛。由於愛，身體上才有接觸，有喜歡、有愛，後面又生了人。動物、植物也是，所以就形成了有情的眾生。由愛而引起

了取，取就是我要、我嚮往。取過度了就是貪，就是癡。由於取不到，希望不果，又引出了嗔恨心，或者別人取到了我取不到，引發了嫉妒，最後也是引出了嗔恨心。所以由愛引發，導致一系列種種的煩惱和痛苦的生起。愛就是生出集的根本，這就是佛祖、佛經告訴我們的。

煩惱與痛苦即是苦，其根本的因如果用一個字來講的話，就是愛。從現象上來講，由於愛這個本質、根本，又延伸引發出了貪嗔癡三毒，貪嗔癡三毒再往後引發出了六毒。六毒就是貪、嗔、癡，慢、疑、邪見。這都是根本的因。

邪見又分五大類，我們在前面講過。邪見只是集諦、苦之因其中的一個大分類。佛法包羅萬象，是一門大學問，是一套的大的智慧體系，環環相扣的一整套，可不簡單。可不是念念佛、打打坐、參參話頭，就是在修佛法，那可想得太容易了，才不是那麼回事，那叫外道。外道就是有一兩樣，只是念大悲咒、念佛，後面就能成佛，一下子通達一切、智慧大開、大徹大悟，不用學直接所有就都掌握了，阿彌陀佛就來把我帶到極樂世界了，什麼都能教會我，想得可美了。

極樂世界在哪兒？極樂世界就在這兒、在當下。當下都沒有明師、沒有阿彌陀佛教你，你以為到了蓮花世界、

極樂世界就有阿彌陀佛教你嗎？怎麼可能。這些最基本的理都不掌握，怎麼去蓮花世界？佛法所教的最基本的知識體系、地基結構都不掌握，憑什麼去蓮花世界？只是念一句阿彌陀佛就去了？天天念阿彌陀佛，但是這些佛法基本知識都不掌握，滿心滿腦都是邪知錯見，還不斷的在造著惡業，你以為念阿彌陀佛就能把惡業消了？

六祖惠能告訴我們，怎麼能消惡業？怎麼能祛煩惱？必須「於自心中常起正見」。怎麼起正見？佛法當中最基本的知識體系、最基本的結構，必須都得透徹的掌握，然後才有可能生起正見，才知道什麼叫做真正的佛法，知道怎麼開始真正起修，如何修才是正路，然後才能是「煩惱塵勞常不能染」，後面才是見性。那個時候你才真的能悟到，悟到的時候你就見佛了，見的不是外面的佛，是你自性本心當中的佛。自性和本心都不清淨，怎麼能見到佛？即使見到了，也一定是魔。

魔就是污染的、污濁的、假扮的佛。魔，不是說張牙舞爪、頭上長角、特別可怕的一個魔的形象站在你面前。所有的魔都是和顏悅色、身披袈裟、口吐善言，表現出佛的樣貌。所有的魔，都一定是勸你入善道，勸你行善，沒一個魔勸你去做惡的。如果勸你作惡，第一時間就被你認

出來他是魔了。所有的魔都會偽裝，他知道你要什麼，你要什麼他就給你什麼。

佛法，是一整套知識體系，是一整套智慧體系。必須得是一門深入、長時熏修，由善知識就是明師，帶你一步一步的去瞭解什麼是佛法，教你慢慢的樹立正知見，然後煩惱塵勞就一點一點的消解、化解，心才能一點一點的清淨。從文字般若入，這是必須的。後面長期熏修，不斷的觀照、練習，才能達到悟境的範疇。

我們簡單的瞭解了一下集諦，後面我們要仔細再去講，集諦到底是什麼。不那麼簡單，要把集諦分解了講，也是很複雜。初學者是必須要知道的，就必須得講清楚。

斷除無明煩惱之惑
見惑思惑理事雙通

集諦乃苦之因。按照佛法的觀照，苦之因到底從何而來？釋迦摩尼佛祖給我們揭示了宇宙的真諦，四諦就是宇宙人生的四大真諦、真理。集諦是苦之因，根本來處是在於我們的見惑及思惑，這是最根本的。

集是召集、聚集、彙集的意思。由於見惑和思惑所起的善惡諸業，會召集生死，我們稱之為集諦。業是怎麼產生的？是由無明也就是惑而來，惑即是不通達事理，事上不通，理上不通。見惑即是理上不通，是我們的意根所引發；思惑即思維道，是事上不通，是由我們的眼、耳、鼻、舌、身這五根所引發。我們如果真的要斷苦、斷煩惱，必是要從見惑、思惑上修，理要通，事上也要通透。所以，在此我們要講一下見惑、思惑到底是怎麼回事。

在佛法當中把一切的迷事與迷底，歸納為三惑，也稱為總惑。第一是見思惑，第二是塵沙惑，第三是無明惑。

通過前面我們知道，佛法最根本的修行就是離苦得樂。斷煩惱塵勞，不被煩惱塵勞所沾染，就見性了。以為

見性，就是在聽經、打坐或者念佛的過程中，突然大徹大悟，一下就全都明白了，一下就知道了宇宙的真理真相，一下就能獲得大神通，前知五百年後知五百世，哪有那麼簡單，怎麼可能，那就是邪見，大大的邪見，你把佛法想得太簡單了。

如果那麼簡單，釋迦摩尼佛祖得道了以後，直接教大家打坐入定，直接讓大家念佛就好了，為什麼還要講經說法四十九年？為什麼還留下這些千經萬律以及大德的總論？

六祖惠能大徹大悟了之後，直接就告訴大家去打坐、禁欲、男女不碰不想不思、吃素、念念佛、念念咒不就可以了嗎？為什麼六祖惠能還要講經說法三十七年？他講透了，度盡了有緣人才走。

可不簡單，佛法是一整套的智慧體系，必須得學，必須得有善知識導你入門，把佛祖真正勘透的世間之理、宇宙真相、這些規律定理都講明白、講透了。在文字上，即是在理上要斷惑，獲得文字般若，同時教你方法斷除思惑，亦即是在世上斷除迷惑，不被你的眼、耳、鼻、舌、身這五識、五根所迷，告訴你真相是什麼，告訴你如何通過觀照來獲得般若智慧，即觀照般若。通過不斷的修習，文字

般若破見惑，觀照般若破思惑。這是最根本的二惑，合起來叫做見思惑，是苦的根源。

再往細分就是塵沙惑、無明惑。凡夫要破見思惑，也就是六凡界的眾生都要從見惑、思惑上去破。聲聞界、緣覺界的眾生破的是塵沙惑。再往上菩薩界眾生破無明惑，後面成就佛道。

佛法就是一整套的智慧體系。不要說我們修的是頓教法門，天天就通過參話頭、打坐、禁欲、念佛來修，等著大徹大悟那一天到了以後，宇宙的萬象就全都通達了、全都知道了。怎麼可能，這些理你不學怎麼能知道呢？

「頓教有一門，還需漸漸修。」是有一個最高的法門叫做頓教。但是，頓悟、徹悟那是結果。什麼事情有果，必得有因。頓教之果是直接成就道果，即身成佛，但是怎麼能夠做到即身成佛呢？不像經中說的那樣，一句佛號、十念阿彌陀佛，立刻阿彌陀佛就來接你上蓮花世界，天天給你講法，然後你就成佛了。你身上帶著那麼重的業力，帶的都是錯知錯見，怎麼能上得了極樂世界呢？如果大家全是錯知錯見和所知障，都是帶著邪見的修行人，帶著一身業力從來沒有化解、消散，這樣的人都到了極樂世界，想像一下極樂世界得是什麼樣子，得多麼的烏煙瘴氣。

佛也有三不能，第一就是不能為眾生消業，這個業是自己造的，還得自己去化解，得自己去消。所知障源自於你諸多的邪見，邪見如果自己不正過來，自己不改變，佛也改變不了你。你有了邪見不能怨佛，佛只能給你講經說法，引導你破除自己的邪見。如果你不想破除的話，佛也沒辦法，或者你聽不懂佛之理、佛的經典，佛對你也沒辦法。

　　你身上往世以來諸惡業、所造的業，佛是不能給你消除的，只能你自己去消除。唐玄奘西方取經，萬里跋涉，堅苦卓絕，歷經九九八十一難，為什麼那麼費勁？既然有觀世音菩薩、如來佛祖加持，直接就一手給他拎過去就好啦。孫悟空一個筋斗十萬八千里，背著師父直接就到了雷音寺，為什麼還得讓唐玄奘一步一步走過去，歷經這麼多的艱難險阻？為什麼那麼費勁的跟他一步一步走？孫悟空就說了，「凡人業力重如山，如來佛祖在這兒都沒辦法。」意思就是眾生之業，佛是不能給背的。我們認為萬能的佛也做不到。

　　我們真正修習佛法，必須要通透的理解、掌握、知道理，真正明理。我現在講的其實就是「正見」這兩個字，正見是怎麼來的？要通透這一套智慧體系，即是宇宙真相

真諦，這是一整套的理。在理上明瞭，斷除我們的見惑，然後通過五根之觀照，破除在世上的迷惑。理、事雙通了以後，才能破除沙塵以及無明，都破除了我們就成佛了。

佛法不是在身體上修，不是在念頭上修，不是讓我們入定，是在思維上修，即思維修，這是一套智慧體系。佛法和外道有什麼不同呢？印度的那些苦行僧，他們就是在身體上修，比如燃燒手指去供佛，這樣證明心誠與不誠。他是這樣在信字上修，修苦行，虐待自己，把人間的五欲當成修行最大的敵人，把戒發揮到極致，覺得戒掉所有的欲望，一點念頭都沒有，就清淨了。

真正高境界的佛法不講究這個，這是外道。他能清淨嗎？理都不通，把五欲，財、色、名、食、睡，正常本能的反應都當成了敵人，然後去對峙、壓抑、排斥和否定。這能修成圓滿的佛嗎？壓制就能消失嗎？真正的佛法可不是這樣。這就是佛法和外道之間的差別所在，佛法不把這五欲當成敵人，要去轉化它、圓融它，它的存在是合理的。不過度的追求向下的五欲，而是把五欲轉化了，不是排斥、否定。佛法當中對僧、修行佛法的人，不是強調離欲、不可以享樂、沒有樂趣，而是要得樂，如何從欲中得樂，破的不是欲的本身。

欲本身即是指五欲，欲本身沒有問題，欲本身不是敵人。

破的是什麼呢？欲轉化的方向，我們要有所把握。我們不能因為欲引發的樂，最後形成苦，這是凡夫。佛法引導我們的欲可以引發樂，佛法引導我們的由欲而樂，這個樂是恆樂，是無苦、無煩惱之樂，是圓滿之樂。在佛法當中從來沒有把欲當成敵人，雖然讓我們戒五欲，可不是把五欲消滅了。消滅五欲、沒有五欲就能修成佛，就是錯知錯見，這是見惑裏最重要的一項，著了兩邊。要嘛就沉迷於五欲，要嘛就斷滅五欲，一點都沒有，不允許生起，不允許有，這都是著了兩邊，都不是佛法，都是外道。

貪著五欲，在世間墮落，入三惡趣，即是三惡途；斷滅、壓抑、排斥和否定五欲，一樣落入無間的地獄，那是成魔之道。兩者去的是一個方向。而佛法是中道。

如何斷三惑？必是有三諦，亦即三個真理，來對治這三惑。這個後面要講。

集諦的根、因由是見思惑，這是指凡夫境，稱為見思惑。聲聞界和緣覺界有塵沙惑，菩薩界有無明惑。這是總的三惑，融於一心，源於一心，我們也可以稱之為一心三惑。

見惑是意根對法塵所起的各種邪見，我們講六根，即眼、耳、鼻、舌、身，加上意即為六欲。所謂法塵就是我所眼見的、五根所接收過來的、外面的各種境界、信息，然後在我的意根處形成判斷，有了取捨，這就是意根被迷惑了，起了邪知邪見。比如，相信這是真的，因為有了真的這個判斷，就有對錯、美醜、善惡，這就是見惑。

　　思惑是五根，眼、耳、鼻、舌、身，迷戀於現在事裏的煩惱，被外六塵所迷，從而思維上有了迷惑。見惑是見解、見識、知見上有了迷惑。這是不一樣的。

　　塵沙惑的定義，指的是界內外的、各種無數的、像塵沙一樣的煩惱障礙，就更細微一些了。見惑和思惑是最粗淺的兩大類，我們在六凡界，意識上都能體會到。等到塵沙惑的時候，就是細微的障礙或者迷惑、煩惱，我們凡夫界體會不到，到了聲聞界和緣覺界才能體會出來，才能破了塵沙惑。

　　無明惑就更細微了，定義即是迷惑於中道第一義諦的煩惱，這個煩惱就更不是凡人所能察覺，更加細微了，連聲聞、阿羅漢、緣覺道都察覺不到。塵沙惑用放大鏡、顯微鏡還能看見，就像灰塵、沙粒。見惑和思惑就像兩座大山，凡夫界這兩座大山就在眼前，一點一點的搬，把兩座

大山給搬掉了，我的表面的苦就感受不到了，就已經不會在六道當中輪迴了。當把見惑、思惑兩座大山破除的時候，就已經離開了欲界修到了色界。但是到色界以後，還是有身體的，雖然身體叫清淨微妙勝色，這樣的身體很輕盈，就像一個影子，特別美妙，像一團光韵一樣，但是還是有身體。比如，我們說外星人，來無影去無蹤，我們看到的可能就是強烈的光，形象是可以變的。或者就像傳說中，當年的亞布拉罕在聖殿山附近看見上帝，描述的就是從光中走出來的一個人，像影子一樣，感覺很高大。這些按佛法來講，相當於色界眾生。色界眾生的煩惱就不像山，而像塵沙一樣，如同空氣中飄著的灰塵我們看不見，很小但還是有。

所謂無明惑的時候，前面我們不斷的把塵沙一樣的小煩惱破掉，就從聲聞界昇華到了緣覺界，把塵沙破得無形無相了，就昇華到了無色界，亦即是菩薩界。菩薩界也有煩惱，菩薩界的煩惱就是無明，無明是無形無相，是對中道第一義諦還有微妙的煩惱，這個再破掉了，才能成就佛道。

真正修佛這套體系修的就是如何離苦得樂，怎麼能夠破除煩惱，真正得到圓滿究竟的樂。其實就這麼簡單，所

以集諦很重要。我們介紹苦諦的時候，只知道苦了，知道三界皆苦，知道苦有多少種，凡夫有凡夫之粗苦，聲聞和緣覺有阿羅漢的微細苦，菩薩有菩薩的極微細苦。都有苦，只有成就了佛道，即是涅槃的境界，苦才徹底消失，才能做到永久不間斷，常樂我淨，即涅槃的境地。這就是佛法告訴我們的最圓滿的目標，最圓滿的境界。

第三節
思維修破見思惑
頓悟還需漸修

見思惑怎麼破？從哪個方向來破？三惑要對應三諦，三諦破三惑。見思惑要從空諦破，眼見的皆是空。

見惑是怎麼來的？我們剛才講了，是意根對法塵所起的諸邪見，即是迷於推理、謀度三世道理之煩惱，亦即是謀劃、揣測。這種迷惑還是源自於看不透事物，還認為從五根搜集來的這些信息都是實的，眼睛所見的、耳朵聽的都是實的。然後通過這些去找現實中的物理規則、事物發展的規律，這就叫推度。不能深究現實中的這套規律是真的假的，是表面的還是本質的。

見惑相當於我相信眼見的宏觀世界的物理規則，我推度出來了相當於宏觀物理學即牛頓的經典物理學，可以推出動力學的定律、熱力學的定律，根據這個形成現實中能量的轉化，把熱能、太陽能轉化成機械能，就能為我所用。這些都是推度而來，根據宏觀世界即是物質世界所謂的物理規則，然後用公式把物理規則計算出來、推度而來，這其實是假相，會迷惑在其中。這些引發了煩惱，因為只能

解決一部分的問題，再深究其理的時候就究不出來了。

　　思惑是眼、耳、鼻、舌、身五根，貪愛、貪戀色、聲、香、味、觸五塵，由此而引發各種的想法、執著，迷於五根所針對的五塵，覺得這是真，所以就迷進去了，由此引發的煩惱。

　　由於見惑及思惑，才召感了三界之生死，所以稱為界內惑。生有生之苦，死有死之苦，生與死之間有病、有老、有愛離別、怨憎等等這些苦。生死各種苦從哪裏來？就是從最粗的見思惑而來，這就是界內惑，引發三界以內的生老病死各種苦。

　　怎樣超出三界外，不在五行中？我們得知道我為什麼在三界內，為何在三界內不斷的輪迴生死？怎麼不直接就生到三界外呢？現在我們就清楚了，因為見思惑導致我們的五根以及意根形成的錯知見，引發了善惡諸業，然後才有了三界內的生死的輪迴，各種的苦樂交替而來。

　　要修這個，用什麼來對治？見思惑就得用空諦即空觀來對治，塵沙惑用假觀來對治，無明惑用中道觀來對治。三諦即空諦、假諦，中道諦，對治三惑，這才是真正的佛法。只有在理上真正通達了，我們才真的能走入修正佛法的大門，修的是本體。我們總是說，修心要修本體，不要

把注意力都放在助行上，打坐、念佛、念咒，這些都是助行。把精力都放在助行上，反而不去修本體，那不就是捨本逐末嗎？永遠都修不成佛，修不成道果。

何謂修本體？破煩惱、破苦這才是本體。如何破？一切的煩惱、一切的苦皆是由心而發，把心中所發出的煩惱之因，用各種方法破掉，這是道諦。最後我們就能得到滅諦，即是涅槃諦、涅槃的境界，這也是一個層次的問題。我們凡夫應該從哪裏開始起修呢？就是從破見思惑開始起修，修空觀之道，用觀照來修萬法皆空，一切相皆是虛妄。破見思惑，這是集諦。

見思惑是我們凡夫痛苦與煩惱的根源。凡夫的見惑、思惑這兩座大山，我們已經用空觀砸碎了、化解掉了，我們就出了欲界，即所謂聲聞、緣覺二乘，即是斷除、砸碎了見思惑以後，又沒有能進一步的瞭知眾生的塵沙惑。塵沙惑又叫空惑，意即是修的空觀還不究竟，還是有一些放不下的邪見。如果修空觀的時候修得偏執了，認為一切皆是空了，反而會妨礙度化眾生，因為眾生也是空的，稍微一著兩邊其實就入了邪見。

到了聲聞界、緣覺界破的就是空惑，這是阿羅漢向菩薩道去修的過程中，要破的煩惱和迷惑。塵沙惑我們也叫

別惑，是通於界內外，即三界內及三界外，六凡界內及六凡界外，甚至在四聖界中都存在。要用假觀來破，而不僅僅是空觀了，空容易形成斷滅相，什麼都沒有了，又入了外道。所以得用假觀來破。

塵沙惑破得差不多了，就進入了無明惑，即是進入到無色界菩薩道的時候，就會迷於「中道第一義諦」的煩惱。無明惑在佛法裏稱之為業識之種子，已經接近阿賴耶識，即藏識，所有的善業、惡業、無記業的種子都在阿賴耶識。這是業識之種子、煩惱之根本，煩惱都由此而起，是最細微處。這種無明惑，即中道第一義諦惑，聲聞和緣覺眾生都意識不到，不知道還有這個惑，所以這就叫界外惑。

前面的是界內惑，到了無明惑稱為界外惑，只有大乘菩薩，真的得到了定慧雙修，萬行具足了，才能破得了此惑。怎麼破呢？只有一個方法，就是以中觀來破，這就是中道。佛法最高的境界就是中觀之道。儒學最高的境界叫中庸之道，道法的最高境界叫平衡之道，其實是一回事，都是一個道理。

如果說從修行的階梯和層次上來講，佛法把修行人開始發菩提心，然後一步步的按照五十二階梯去修，分成很多層次，有信位、住位和行位等多層。簡單來講，比如修

到十信位時，就能伏住見思惑；修到初住的時候，才能斷了見思惑。意思也就是，能降伏見惑和思惑，就進入到十信位；能斷見惑，才能到初住的果位；斷了思惑，就到了七住的果位。

見惑和思惑還是兩個不同的層次，見惑更加粗。這是修行的果位階梯，界內塵沙惑如果斷了，就到了八、九、十住的果位；斷了界外的塵沙惑就到了十行的果位，這是一步一步都有層次的，都有印證的。如果能降伏無明惑，就到了十回向這個果位；到了妙覺位才能斷除十二品的無明惑，無明惑就有十二品。

見惑、思惑、塵沙惑、無明惑，各自又分多少種、多少品，分門別類講起來就太多了。在這本書裏只能講一個大概框架，不能講太細，太多的術語、太多的專業名詞，不適合初學。我們現在其實都是針對初學佛法的眾生講解《六祖壇經》，針對初學先知道佛法根本的教義，亦即是大的框架，再往下要學的東西就相當的多了，相當於我們要學佛法是一整套的智慧體系，環環相扣，可不簡單。佛法是要學一輩子的，層層深入。

之所以給大家講三惑的階梯，我們要知道這才是真正佛法起修的地方，這是修本體，佛法要修的就是離苦得樂。

要想離苦得樂，首先得知道苦有多少種？苦之因是什麼？怎麼破掉苦之因？這就要修本體。四聖諦、八正道、十二因緣、緣起性空、三法印，這都是本體，修佛真正是要修這些。然後講這些層次、段位，就是告訴大家「頓悟還需漸修」，所有的頓悟都是從漸修中來的。

細講起來，一個見惑就得講很多。用通俗的話講，見惑就是見解、知識上的錯知錯見，源於意根。是因為看不清事物的本質，通過邏輯的推理、分析、判斷，最後得出的是荒謬的結論，即所謂錯知錯見，細講其如何而來、體現的方面、有哪些狀態，會講很多！

我們只是簡單的講了一下五大邪見，身見、邪見、邊見、見取見、戒禁取見，即五大框架。但是僅僅一個身見，裏面都包含著很細微的名、色、五因、十二入、十八界，這些名詞都屬身見的範疇，每一個名詞都得講很長時間，又一套體系。這都不是初學者在此需要掌握的，大概知道一下，比如見惑，認知上有邪見，何謂邪見？有哪幾類？這都得掌握，然後才能破。

越學越細，就像一棵智慧樹，不斷的分支，分支到最後的時候，才能落到一個點上，然後一個點一個點的開始破。佛法可不簡單，很多的結構體系。身見、邪見、邊見、

見取見、戒禁取見這五大邪見，又可以稱為五利使。見惑中還有的稱為五鈍使，指的就是貪嗔癡慢疑，那也是見惑的範疇。再細講，見惑還有八十八使，這都是佛法裏的名詞，這些後面一點一點講解，在這裏不做太細的講解了。這些都要從理上先通，然後才能去修。

何謂文字般若？文字般若可不是天天念《六祖壇經》、念《金剛經》的文字就能成的，整套理論環環相扣，形成了一套完整的智慧體系。佛法叫思維修，必須得在思維上修正，在邏輯上不能有問題。

真正的佛法，《六祖壇經》告訴我們直心是道場，什麼意思？好像就是憑我們的靈感，放下邏輯判斷，我們總覺著學佛就應該放下邏輯，最後沒有邏輯，其實那是錯的。看似沒有邏輯，但放下邏輯可不等於沒有邏輯，真正的佛法是有大邏輯的，但其邏輯並不是建立在假相和虛妄的基礎上，大邏輯是建立在真相的基礎上，那就是正邏輯、正思維，那是在思維和邏輯上去修的。

哪一位高僧大德，真正研究佛法的大修行人，不通邏輯，沒有正思維？都是分析力、判斷力、推理力極其強大，比世智辯聰的世人、世間的聰明人要聰明得多。學佛法的人都是世間最聰明的人，根性差一點的，世間的知識都學

不好，還想學佛法，怎麼可能？僅僅是這些名詞，如果沒有一點知識，沒有一點頭腦，沒有一點分析、判斷和推理能力，怎麼學習佛法？這些名詞都不懂，名詞與名詞之間、各種關係之間是怎樣的連接，整體都是暈的了。

別以為學佛就是念佛、打坐，那不是學佛，外道都有念咒、打坐，為什麼不圓滿？因為沒有思維修，就修一種具體做法，要嘛素食，要嘛禁欲，要嘛就是一種苦行，覺著就能成佛，就能圓滿得解脫，那就是外道。

真正的佛法就是思維修，在思維上有大邏輯，是我們世間最聰明的人修習的，才能獲得出世間的大智慧，即摩訶般若波羅蜜。哪能是世間的小根小智之人所學，現在可以理解何謂小智了，世間學習都學不好，談何學佛法。

當然，有人會說：「老師，六祖惠能在世間，字都不認識。」

六祖惠能是不認識字，但是如果他一旦認字了，世間這些知識、世間這些智慧、世間這些世智辯聰，他豈能不會？他的學習能力有多強，別看呈現於世一個不識字的相，就讓人覺著自己少有點知識、少有點文化、少有點分析推理能力，學佛法可能學得更好。別那麼想！佛法是世間的大智人、上根之人學的。何為上根之人？又何謂大智人？

在世間都得是精英層，都得是頂層的人，才能學佛法，然後獲得出世間的大智慧。

佛法的名詞、邏輯、相互之間的關係，由五蘊，色、受、想、行、識，發出的各種關係，延伸出去和六境所對應，非常的複雜，這是一整套的體系。比如，見惑八十八使，可以瞭解一下，其中都是有邏輯性的。不要以為苦就那麼一點內容，我們講的只是大框架。如果講三界二十五有果報，苦諦就對應著三界二十五苦之因，逐個講每一有中又含多少種類：五利使、五鈍使，共十使，每一個去理解，也都是自成體系；此外還有，苦諦具十使，集諦具七使，滅諦具七使，道諦具八使，四諦一共具足三十二使，即是三十二套體系。一層層的講下去，就形成了一個結構圖、結構網，所以我們只能講個框架，大家先從這個框架入，隨著《六祖壇經》的講解，後面我們把涉及到的範疇再逐步細講。

欲界四諦三十二使，三界見惑八十八使，這就是佛法，講得太專業也沒人願意聽，但是一點都不講，大家又不知道佛法到底是什麼。就覺得外面有一個大佛，然後我們去拜他，他有神通，這是迷信。

逐漸通過學習《六祖壇經》知道，外面的佛不是究竟

的、不是真有的，是不存在的，我內心自性中的佛才是真的。但是，只知道這些，還是根本不知道何為佛法，甚至難以理解為什麼世間最聰明的人研究佛法。佛法有什麼可研究的？不就是打坐念佛、行善五戒嗎？這樣就是根本不懂什麼是佛法。天天只是聽佛法，天天給觀音菩薩上香，天天念阿彌陀佛，覺得這樣就能到達極樂世界，覺著這就是佛法了，那就完全錯了，其實根本就沒入門。

佛法是大智慧，是一套完整的大智慧體系，需要在善知識的引領下一步一步的修習，是需要漸修的。我們得一步一步的修，三界見惑八十八使，即八十八套體系，都得學。思惑八十一品，即欲界三諦、色界三諦、無色界三諦，三界合九諦，諦諦各九品，合八十一品。這都是體系，現在我們僅僅有一個概念即可。

我們講解《六祖壇經》，後面這些都得講出來。因為現在正在講「正見」二字，如果不把佛法的根本教義理解清楚，後面這句話根本就理解不了。何謂「自心常起正見」？如何就能「煩惱塵勞常不能染」？怎麼才能見性？

就這一句「但於自心常起正見，煩惱塵勞常不能染，即是見性」，如果不把「正見」研究清楚，即是佛的根本教義框架不理解清楚，根本就不可能知道後面那句話如何

對應。為什麼常起正見，就能擺脫煩惱塵勞，就能見性？其實，別看六祖惠能一個不識字的人講《六祖壇經》，他對佛法這一整套大體系太通透了。字裏行間包含的就是三藏十二部，千經萬律全都在這裏。

如果我們細講起來，這部《六祖壇經》也得講解四十九年，相當於整部佛法在裏面都有呈現，可不是那麼簡單。為什麼說最不好修的就是《六祖壇經》，《金剛經》太空，就講空性，《六祖壇經》落到實處，是《金剛經》的延伸、顯化。

見思惑、塵沙惑、無明惑，這三惑是我們造苦的根本之因。見惑叫理惑，思惑叫事惑。見惑是迷於無常、無我等四諦真理的惑；思惑是迷於色、聲、香、味、觸之世法事相的惑。

釋迦摩尼佛祖這一生，除了在講四聖諦、十二因緣之外，講得最多的就是無常和無我，所有的錯知錯見、所有的苦是從哪裏來的？佛祖在經典裏告訴我們，無常是苦，不永恆，即使到了菩薩境界還是能退轉，如果不勇猛精進的向前修，破掉無明惑，還是會退轉，這就是無常，是不永恆。

無常是苦，無我是真相，因為有了我，所以才有苦。

有無常，有了我，這是苦的根源，就是見惑之根。

　　我們正在講解集諦，就要知道，集即是苦之根、苦之因，到底是怎麼來的？牢牢的記住，要破掉見思惑、塵沙惑以及無明惑。現在可以不去管塵沙惑、無明惑，為什麼這麼說？八萬四千劫以後你再想著怎麼破那些，先用八萬四千劫的時間，把見惑、思惑，這最粗的，在你面前擋著的那兩座高聳入雲的大山，亦即是業山先破掉，然後再破空惑和無明惑。先別想太遠，我們講的是一個階梯，講的是果位，做什麼事不都得有個層次嗎？要知道自己練到什麼層次了，別把學佛想得那麼簡單，太多東西要去修，層層遞進，都不是一輩子的事。我們先從見惑和思惑上一步一步來破。

　　見惑，即見之困惑，亦即是我們在認知上的錯知錯見，得清楚有多少種錯知錯見？是怎麼來的？最粗的框架就是有五種邪見，但是五種延伸下去，又有多少種？所謂外道見，外道就是向外求的、不究竟的、不圓滿的，外道諸見就有單四見、復四見、俱足四見、六十二見和一百零八見，還不止這些，僅僅一個外道諸見，就有這麼多的邪知邪見，也都成了一個系統。

　　這些邪知邪見建立的基礎是五蘊六根。細分下來，

六根之每一根都有三受，即苦受、樂受、不苦不樂受，如此六根總計十八見。細講起來六根配五蘊，大家可以算一算。還有六塵，即是外境，色、聲、香、味、觸、法，每一塵又分三類「好、惡、平」，如此六塵又有十八見，六根對六塵合起來三十六見。而且，過去、現在和未來，稱為三世，過去三十六見、現在三十六見、未來三十六見，共一百零八見，這就是指外道諸見的一百零八見。以後都是要學習的，都是我們有的錯知錯見。

為什麼我們現實中有那麼多的錯知錯見？都是從何而來？這些不清楚，何以破除錯知錯見呢？起心動念就是錯知錯見，自己全是錯知錯見，卻根本不知道到底哪個是錯知錯見。真正的佛法要斷見惑，要知道怎麼斷，先得知道錯知錯見是怎麼產生的，是根據什麼產生的。這是一個大邏輯，先有五因即五蘊，後有六根，六根配六塵，是相互作用的結果，循環往復而且環環相扣，五因六根在配合六塵的過程中，就產生了諸多的錯知錯見。

單四見、復四見、俱足四見、六十二見、一百零八見，都是五蘊六根和六塵一一對應而產生的錯見，我的受、想、行、識之中，受之錯見即所謂我當真了，眼見的東西我覺得是真的，認假為真。當此處的知見是錯誤的，後面全錯，

就沒有對的了，因為根上就錯了。我們對世界的認識就是從五蘊來的，然後通過我們的六根再去觀察外六塵，在心內產生了受想行識，做出了判斷。當受都是錯誤的，想和行一定是錯的，識判斷出來一定是錯的，然後再根據錯誤的受想行識，加在外境六塵上，一定是錯誤的言行、思維以及行動，就是邪見、見惑的來源。

錯不僅在於認假為真，還有使，就是工具，有五利使「身邊邪見戒」、五鈍使「貪嗔癡慢疑」。一百零八見，每一見又對應著三界「欲、色、無色」、四諦「苦集滅道」八十八使，這就是佛法，這一套體系必須得非常清楚。這些僅僅是見惑，見惑這套體系其實已經非常了不起了。

思惑講的是品。三界九諦，每諦各有九品，九九八十一品，即八十一品思惑。

見惑，一百零八見，每一見八十八使；思惑是八十一品，這都是佛法，我們要漸修，就是一點一點的用思維把這套理捋順，然後獲得文字般若。文字般若不是念一念《金剛經》、念一念大悲咒、念一念《六祖壇經》，念得越多，就能夠書讀百遍其義自現，不是這樣的。這些體系，即使再多的念經念咒，也念不出來，也現不出來。

如何能起正見呢？放下分別，放下執著與妄想，就起

正見了，豈能那麼容易？何謂正見、何為邪見都不知道，邪見是怎麼起來的也都不知道，那能放下什麼？不要以為一說邪見，只需放下五大邪見，就能得到正見，這五個邪見是最粗的，就只是「身邊邪見戒」這幾個邪見，只知道一個結構是不可以的。一定得知道的很詳細，然後知道他們是怎麼來的，才能一點一點的破。破了邪見，就清楚了正見是什麼，是怎麼來的。這是一步一步修習而來。

真正學佛的人，僅是文字般若、顯學這套智慧體系，就得學習幾年才能差不多稍微摸到點邊，不是籠統的，還得是有針對性的學習這一套顯學的理，得學習幾年才能找到一點感覺。這是要修一輩子的，理不通怎能修得什麼？

有人說：「老師，我就在世上修。」

在世上怎麼修？理是方向和根本，首先得先從文字上獲得智慧，超越於世俗，建立一整套的佛知見，然後才是在世上修。理上修的同時，可以在世上修，但是理一定是在前面，一定得把這一套智慧體系一點一點摸透了、精熟了，後面不斷的觀照，然後再修助行，比如打坐、念佛、行善、布施、持戒、忍辱、精進、禪定。但是，所有這些是建立在正知見的基礎上，建立在掌握這一整套智慧體系的基礎上。

僅僅是見思二惑，裏面的內容就浩瀚無垠，剛才我們說的還都是粗分，還都只是框架。一個見惑一個思惑，相當於把一棟建築物直接分成兩半，各有其功能，分成單四見、復四見幾個房間，六十二見即六十二個房間，一百零八見即一百零八個房間，每一見有八十八使，就是每一個房間裏要擺各種各樣的東西，都是框架。要說世間智，即世間的思慧辯聰，世間最聰明的人，其智慧程度都超不過單四見。

第四節

智慧來自微觀
實證觀照思維

我們為什麼要學佛法？之所以佛法是出世間的智慧，是真正的摩訶般若大智慧，因為佛法遠遠的超越於世間的智慧。

為什麼都是世間最聰明的人，最有智慧的人才能去學習佛法，才能學好佛法？我們世間的知識是有限的，太有限、太局限了，而佛祖的眼睛是觀照這個世界，他能照到世界的本質與真諦。

我們凡夫只能看到事物的表面、宏觀事物的運行規律。這一百年左右，科技為何有這麼大的發展，是因為我們通過電子顯微鏡看到了微觀世界，發現了微觀世界的運行，我們人類的眼界、知識、智慧和格局一下就突破了。當我們看到微觀的時候，我們對世界的看法，腦洞大開，格局就不一樣了，然後我們在應用科學上就取得了質的飛躍。

佛法就是釋迦摩尼佛祖用他的手段，不是用電子顯微鏡，而是用觀照的功夫，甚至看到了現在最大倍數的電子

顯微鏡都看不見的微觀世界。分子、原子、電子、質子、中子、夸克，那只是微觀世界裏的皮毛，或者是微觀世界中的宏觀世界。我們用人的智慧去鑒定、分析、判別微觀世界的規律，其實僅僅發現了微觀世界的九牛一毛，而我們的現實世界就已經因此而發生質的巨大飛躍了。

佛法已經看透了微觀世界的一切，已經把真理、真諦都揭示出來了。所揭示的都不是我們肉眼能看到、能理解的事物發展規律和宇宙運行規律。佛法是真正超前的、最先進的科技，只是現在科學界根本就證實不了。以前沒有量子物理學，還不知道微觀世界運行規律的時候，我們說到佛法的時候都嗤之以鼻，覺得都是瞎扯、妄想，不科學，沒有驗證。結果現在量子物理學發展起來，隨著觀察微觀世界，掌握其基本規律後我們發現，微觀世界所呈現出來的一切定理定律，原來就是佛法告訴我們的，不是宏觀的物理規則，而是跨越了宏觀的物理規則，把我們帶入最深的微觀世界，那才是宇宙的本體、真相和本質，才是左右著我們宏觀世界發展的最根本的根源。

現在的科學再往前發展的方向是哪裏？再往前發展就已經不是靠儀器來認識微觀世界了，儀器是有限的，儀器的觀察只能觀察到原子結構，再往下已經無法觀察了。還

得發揮人的能動性，還得從佛法上用人的觀照力量，這種力量無比強大，比任何的儀器都要強大。佛法就是釋迦摩尼佛祖在教我們怎麼練這種力，我們本來人人都具備，但是後面我們都被遮蔽了。我們本來都能觀照到宇宙最基本的、最根本的、最微妙的本體，但是我們最先進的「電子顯微鏡」被蒙蔽了，厚厚的灰塵和污濁，把我們自己的「電子顯微鏡」本來透亮的鏡頭鏡片遮蔽了，所以我們什麼都看不見。

佛法就是在告訴我們怎樣把電子顯微鏡的鏡片擦亮，讓它重新發揮本來就具備的功能，其實就是這麼簡單的一回事。如何染上灰塵，怎麼擦亮它，這一整套出世間的智慧體系，就是在告訴我們這個答案。

你的苦是從哪來的？因為你見不到宇宙和世界的本質了，你失去、遠離了本體，各種痛苦煎熬由此而生。怎麼辦？怎麼才能擦亮自己，讓我們的本性再次清淨？「菩提自性本來清淨，但用此心直了成佛」，成佛的人就是覺悟了，就能看到宇宙自然的真相。看到的真相，就是佛祖要告訴我們的。

怎麼看到真相？我們有各種灰塵在我們的顯微鏡上覆蓋著，佛祖教我們的這些方法，是先化驗、分析，蓋在顯

微鏡上的灰塵有多少種？兩大種類，一大種類是「見」，一大種類是「思」。針對這兩大種類，我們要用清潔劑，即是對治的方法。「見」這種灰塵又分很多種類，佛祖就告訴我們「見」經過化驗，有單四見、復四見、具足四見、六十二見、一百零八見，每一類見都有針對性的清潔劑、對治方法，佛祖都教給了我們，然後我們用每一類的清潔劑去破這些見。每一見又有八十八使，越來越細微，要把最強大的電子顯微鏡擦亮，鏡片上的灰塵已經生生世世、百世千劫，積了多麼的厚了。

思惑八十八品，思這一類灰塵就有八十八類，每一類裏又有很多種，得針對每一類的每一種，都要有對治的方法。所以，佛開八萬四千法門，每一個法門都是不同類型的清潔劑，針對不同的灰塵、污垢來化解，所以要不斷的修習、漸修。這是一個過程，用各種不同的清潔劑，有針對性的針對不同的灰塵污垢，一點一點去擦，一點一點去化解。急不得，已經積累了千生萬世，多麼厚的灰塵，可不是那麼簡單。

何謂頓悟？不斷的漸修、漸修，五十二個階梯一個都少不了，擦亮了一小塊鏡片，一下就能看到那一部分了，那種悟解、悟境就出現了。那時候所看到的不是用語言能

描述的，顯微鏡露出一點小縫隙，就看見了真實世界的樣貌，悟境就出來了。然後繼續不斷的擦，逐漸就把鏡片一點一點擦亮，擦得越亮，面積越大，看得越深越透，擦得差不多時就達到了證境，原來真實的宇宙、真實的世界是這樣子的。那時候就不用再跟你講這些理了，講這些都是在告訴你怎麼擦鏡片。看到那個世界，自然就什麼都知道了，那就是佛了，洞察一切，就不是語言能描述出來的了。還有什麼科學能比這個更先進？這才是真正的科學的導向。

真正進入佛法的道果意境，發現宇宙自然真諦以後，才不會去發明生產那些空調、汽車、飛機、大炮、原子彈，才不會往那些方向去。那時就會知道，那些其實都是內心當中的恐懼、內心當中的暴力、內心當中的魔衍生、演化出來的。心真正清淨了、真的有歸屬感了、真正安全了，才不需要那些東西去保護自己或消滅敵人呢。

有人說：「那些東西難道不是力量嗎？」

錯了。真正的力量不是飛機大炮，不是原子彈，不是生化武器，那不是真正的力量，那是恐懼，是恐懼的化生。真正的力量是不需要那些東西來保護我們和消滅敵人的。太恐懼，或者過度恐懼，那些東西就會越生產越多，越生

產量越大，那是一個無底洞。

認為擁有的核武器、生化武器、基因武器越多，就越安全，越能消滅敵人，那是阿修羅。現在人類已經墮落到了阿修羅道，已經遍地餓鬼，遍地是地獄眾生了。現在世界急需佛法來拯救，急需我們儒家的思想來拯救，佛法和儒家體系說的都是一回事，只是角度不同而已，這才是我們學佛真正的意義所在。

我們《六祖壇經》佛法學到這兒，四聖諦才講到第二個集諦，之所以要系統性的學佛，就是為了具備出世間的智慧。何謂出世間智慧？又何謂世間智慧？我的眼睛所見的、耳朵所聞的、五根所感知的世界，在這個可見的宏觀世界信息範圍內，用我的意根判斷，運用世間的推理能力、邏輯思維能力、分析能力、判斷能力，這些是世間的智慧。

所謂出世間的智慧如本書所講，世界的本質是微觀世界構成的，宏觀的世界都是由微觀世界左右、操控，真正看到微觀世界的本質和構成，這一套知識與智慧就是出世間的智慧。從見這個角度、知識這個角度，世間最厲害、最聰明的人所擁有的世間智慧，都不超過單四見的範疇，更不要說復四見、俱足四見、六十二見，一百零八見，根本涉及不到。

為什麼？我們的視力能看到多少？我們的耳朵聽波聲能聽多少波譜？在這麼小的感知範圍內，能獲得多大信息量？能有什麼智慧？佛法的大智慧都是微觀世界中來的，是真正宇宙自然的規律。宏觀世界的客觀規律是虛妄的、是假的，都不是真的。真正的宇宙自然運行規律是從微觀世界發出來的，宏觀世界只是微觀世界的投影而已。

　　宇宙自然運行的規律是指微觀的世界，亦即是佛法告訴我們所觀照出來的世界，這個世界只能通過觀照而來，不可以通過儀器、儀錶去測量或者觀察，我們的肉眼再如何延伸，也延伸不到用智慧或者用心眼看到的深度，永遠都不可能。何謂開天眼？打開了照向微觀世界本質、本體的眼睛，才是開了天眼，能觀照到微觀世界的一切，那時就知道世界是怎麼運行的了。

　　「觀自在菩薩，行深般若波羅蜜多時，照見五蘊皆空……色即是空，空即是色，受想行識，亦復如是。」這就是觀照的功夫，佛法所有的理都是由觀照而來，都是實證的功夫。智慧是實證來的，不是想出來的，由實證觀照，而後思維，這是佛祖的領悟過程。

　　佛祖是怎麼大徹大悟的？是通過不停的觀照，得到了悟，得到了證，得到了果之後，再反過來思維世界一切的

苦和煩惱是怎麼來的，然後再教我們從思維而入，從文字般若而入，逐漸學會如何觀照。

佛祖先在理上告訴我們，世界的真相和本質是什麼，從思維、文字般若入，然後再進入到教學一點一點觀照的方法，這個過程即是實證，後面就能得到實相，即是證得佛果，是這樣一個過程。

集諦就是苦之因，苦是世界的根本，苦之因即是世界運行的本質。如此可以知道世界是如何運行起來的。下一部書中我們繼續講解滅諦和道諦。四聖諦就是佛法的根本教義，一定先把四聖諦講透學透，後面才能繼續八正道、十二因緣、緣起性空、三法印，要一步一步來修習。

明公啟示錄：
解密禪宗心法──《六祖壇經》般若品之六

作　　　者／范明公
出 版 贊 助／徐麗珍
主　　　編／張閔
美 術 編 輯／申朗創意
責 任 編 輯／林孝蓁
企畫選書人／賈俊國

總　編　輯／賈俊國
副 總 編 輯／蘇士尹
編　　　輯／黃欣
行 銷 企 畫／張莉榮‧蕭羽猜‧溫于閎

發　行　人／何飛鵬
法 律 顧 問／元禾法律事務所王子文律師
出　　　版／布克文化出版事業部
　　　　　　115 台北市南港區昆陽街 16 號 4 樓
　　　　　　電話：(02)2500-7008 傳真：(02)2500-7579
　　　　　　Email：sbooker.service@cite.com.tw
發　　　行／英屬蓋曼群島商家庭傳媒股份有限公司城邦分公司
　　　　　　115 台北市南港區昆陽街 16 號 5 樓
　　　　　　書虫客服服務專線：(02)2500-7718；2500-7719
　　　　　　24 小時傳真專線：(02)2500-1990；2500-1991
　　　　　　劃撥帳號：19863813；戶名：書虫股份有限公司
　　　　　　讀者服務信箱：service@readingclub.com.tw
香港發行所／城邦（香港）出版集團有限公司
　　　　　　香港九龍土瓜灣土瓜灣道 86 號順聯工業大廈 6 樓 A 室
　　　　　　電話：+852-2508-6231　　傳真：+852-2578-9337
　　　　　　Email：hkcite@biznetvigator.com
馬新發行所／城邦（馬新）出版集團 Cité (M) Sdn. Bhd.
　　　　　　41, Jalan Radin Anum, Bandar Baru Sri Petaling,
　　　　　　57000 Kuala Lumpur, Malaysia
　　　　　　電話：+603- 9056-3833　　傳真：+603- 9057-6622
　　　　　　Email：services@cite.my
印　　　刷／韋懋實業有限公司
初　　　版／2024 年 05 月
定　　　價／300 元
Ｉ Ｓ Ｂ Ｎ／978-626-7431-45-0
Ｅ ＩＳＢＮ／978-626-7431-44-3（EPUB）

城邦讀書花園　布克文化
www.cite.com.tw　www.sbooker.com.tw